RÈGLE

DE LA

COMMUNAUTÉ DES RELIGIEUSES BERNARDINES.

RÈGLE

DE LA

COMMUNAUTÉ

DES

RELIGIEUSES BERNARDINES

DU MONASTÈRE DE N.-D. DE LA PLAINE,

À ESQUERMES.

1850 — 1853.

LILLE
L. LEFORT, IMPRIMEUR-LIBRAIRE

1853

RENÉ-FRANÇOIS RÉGNIER,

par la Miséricorde divine et la grâce du Saint-Siége apostolique, Archevêque de Cambrai,

à nos très-chères Filles, les Religieuses Bernardines d'Esquermes, salut et bénédiction en N. S. J. C.

Nos très-chères filles,

Notre-Seigneur Jésus-Christ, qui fait tout servir au bien de ses élus, diversifie les vocations religieuses et les inspirations de sa grâce suivant les besoins de son Église, et comme le demandent les différentes épreuves qu'elle a à souffrir ici-bas.

Aux temps où la foi était générale et vive dans les sociétés chrétiennes, lorsque l'on n'avait guère à craindre d'autres obstacles au salut que les folles dissipations du monde et la séduction de ses coupables plaisirs, les communautés religieuses avaient pour mission spéciale d'opposer à cet entrainement les pratiques austères d'une vie toute de retraite, de pieuse méditation et de rigoureuse pénitence. Mais aujourd'hui que la foi s'est déplorablement affaiblie dans les âmes, que l'ignorance de ses enseignements les plus élémentaires est devenue trop commune dans toutes les classes de la société, que, livrés à la cupidité et au sensualisme, les hommes ne comprennent rien à la piété purement ascétique, dont ils tolèrent à peine et souvent blasphèment la pratique sainte, la Religion n'a presque plus, pour les toucher, les instruire et les ramener à Dieu, que les admirables industries et les héroïques dévouements de la charité.

De là cette multitude d'instituts religieux qui, sous des dénominations et des règles diverses, mais avec le même zèle, se vouent à toutes les œuvres spirituelles et corporelles de miséricorde, et se consacrent les uns au soulagement des misères et des infirmités humaines, les autres aux soins plus difficiles de l'éducation chrétienne des enfants.

C'est cette dernière tâche que la divine Providence vous a confiée, nos très-chères filles, et vous en comprenez l'importance et le mérite.

IV

Pour vous attacher de plus en plus à votre belle et sainte vocation, et pour en prendre chaque jour plus parfaitement l'esprit, rappelez-vous souvent, avec les sentiments d'une humble et vive reconnaissance, que vous êtes associées, jusqu'à un certain point, au ministère des pasteurs de l'Eglise, que vous travaillez aussi, vous, à former Jésus-Christ dans les cœurs, et que vous concourez à la propagation de son Evangile.

Si quelquefois votre travail, avec les contradictions et les ennuis qui en sont inséparables, vous exposait à des dégoûts et à des défaillances, que la vue anticipée de la récompense qui vous attend au Ciel ranime votre courage et vos forces. Il est écrit, vous le savez, que ceux qui en auront instruit plusieurs dans la voie de la justice, brilleront comme des étoiles dans toute l'éternité[1].

Les bénédictions répandues jusqu'à ce jour sur votre œuvre, et les succès si consolants qu'il a plu à Dieu d'accorder à votre bonne volonté, sont déjà pour vous une bien douce récompense, et doivent être surtout un grand encouragement pour l'avenir.

Continuez donc, nos très-chères filles, avec simplicité de cœur, humilité et confiance, à marcher dans la voie laborieuse, mais sûre et sainte, où vous a fait entrer la bonté du Seigneur; et, au milieu de vos travaux, tenez-vous dans la disposition où était l'Apôtre, lorsqu'il disait : Je n'estime

[1] DAN. XII. 3.

VI

pas ma vie plus précieuse que moi-même, pourvu que j'achève ma course et le ministère de la parole qui m'a été confié par le Seigneur Jésus [1].

Vous aurez désormais pour guide et pour soutien dans cette bonne voie votre pieuse règle, que nous avons approuvée, après un mûr examen, et par laquelle vont se trouver heureusement fixés les pieux et louables usages qui existent parmi vous depuis le commencement de votre association religieuse. Recevez-la, nos très-chères filles, cette règle désormais revêtue de l'autorité de votre premier Pasteur; respectez-la, observez-la comme l'expression de la volonté de Dieu. Nous pouvons, en toute confiance, dire à chacune de vous, en la lui

[1] ACT. APOST. XX 24.

remettant : Faites ceci, et vous vivrez[1].

Dans l'accomplissement des devoirs qu'elle vous trace, appliquez-vous à imiter la très-sainte et immaculée Vierge Marie, votre bonne Mère, et pénétrez-vous des exemples, des conseils, de l'esprit du glorieux saint Bernard, le patron spécial de votre institut, le maître et le modèle de la vie religieuse.

Que par leur puissante intercession, et par celle de tous les Saints qui ont illustré l'ordre auquel votre origine et vos affections vous rattachent plus particulièrement, le Dieu de patience et de consolation vous accorde une charité qui, sans se décourager jamais, sache tout supporter et tout espérer du côté des enfants au soin desquelles votre vocation vous consacre, et

[1] Luc. x. 28.

qui fasse que les unes avec les autres, vous soyez toujours unies de sentiment et d'affection, afin que n'ayant qu'un même cœur et une même bouche, vous glorifiiez Dieu le Père de Notre-Seigneur Jésus-Christ[1].

Donné à Cambrai, le jour de la fête du très-saint Sacrement, 26 mai 1853.

† R.-FR., *Arch. de Cambrai.*

[1] ROM. XV. 5, 6 et 7.

RÈGLE

DES RELIGIEUSES BERNARDINES

DU MONASTÈRE DE N.-D. DE LA PLAINE.

Au nom de la très-sainte et adorable Trinité, Père, Fils et Saint-Esprit : pour la plus grande gloire de Dieu : pour le salut des âmes assemblées dans cette maison : sous les auspices de la bienheureuse Vierge Marie, Mère de Dieu : sous la protection du glorieux saint Bernard : après acceptation volontaire de la part des religieuses : avec approbation et par ordonnance provisoire, en mil huit cent cinquante, de feu son Eminence le Cardinal Pierre GIRAUD, Archevêque de Cambrai, supérieur majeur de la Communauté : avec approbation et par ordonnance définitive, en mil huit cent cinquante-trois, de Monseigneur RÉGNIER, Archevêque de

Cambrai, supérieur majeur de la Communauté, la présente Règle a été publiée en chapitre, pour être fidèlement et en tous ses points suivie, observée et accomplie par les Religieuses Bernardines du Monastère de Notre-Dame de la Plaine, à Esquermes.

CHAPITRE I.

Érection et organisation de la Communauté.

I.

Desseins du Seigneur. Les Religieuses n'oublieront jamais que le divin Maître, en érigeant cette maison en Communauté, a voulu qu'elle devînt l'asile de la piété et le sanctuaire de toutes les vertus. Elles s'appliqueront donc ces paroles sacrées : *La volonté de Dieu est que vous soyez des saintes.*

II.

Consécration de la maison à Marie. La maison, au jour [1] de son érection en Com-

[1] Au mois d'Avril mil huit cent vingt-sept.

munauté, a été dédiée et consacrée à la très-sainte Vierge Marie, sous le titre de *Monastère de Notre-Dame de la Plaine*. Cette consécration se renouvelle solennellement chaque année, le jour de la Visitation, fête spécialement choisie dans ce monastère pour honorer la très-sainte Vierge comme Protectrice et comme première Supérieure de la maison.

III.

Patron et dénomination. Les religieuses ont pour Patron le glorieux saint Bernard; c'est pourquoi elles portent le nom de *Bernardines*. Leur costume est celui des bernardines cisterciennes, et elles se considèrent comme placées, à la suite de leurs premières Fondatrices [1], sous la protection des Saints et des Saintes de l'Ordre de Cîteaux.

IV.

But de l'Institut. Les religieuses de ce monastère ont pour but de procurer la

---

[1] Les trois premières Fondatrices appartenaient à trois édifiantes Communautés de l'ordre mitigé de Cîteaux.

gloire de Dieu et de travailler à leur propre sanctification, en instruisant la jeunesse. Pour exciter leur zèle et leur dévouement, elles se rappelleront souvent cette parole sacrée : *Ceux qui enseignent à plusieurs la voie de la justice, brilleront comme des étoiles durant l'éternité.*

V.

Distinction entre les Religieuses. La Communauté se compose de *Dames de chœur* et de *Sœurs coadjutrices.* Les religieuses de chœur s'occupent de l'éducation et de l'instruction des élèves, ou travaillent utilement selon l'obéissance. Les sœurs coadjutrices secondent, avec soumission, les religieuses de chœur, et s'occupent spécialement des travaux manuels.

VI.

Nombre des Religieuses. Le nombre des religieuses de chœur n'est point limité ; le nombre des sœurs coadjutrices est limité aux besoins de la maison. Jamais une religieuse de chœur ne peut devenir sœur coadjutrice, et jamais une sœur coadjutrice ne peut devenir religieuse de chœur.

VII.

Mères Professes. Les *Mères Professes*, c'est-à-dire les religieuses de chœur qui ont prononcé leurs grands vœux, ont *seules* voix délibérative dans les assemblées de communauté et dans la décision des affaires de la maison. Elles occupent les premières charges et les principaux emplois.

VIII.

Succursales. La communauté pourra établir des Succursales, lesquelles appartiendront à la Maison-Mère établie à Esquermes, dépendront d'elle et resteront entièrement soumises à la prieure, considérée comme Supérieure générale.

IX.

Supérieur majeur. Pour tout ce qui concerne le spirituel et le régime intérieur, la communauté a pour Supérieur majeur Monseigneur l'Archevêque de Cambrai. Le Prélat peut exercer dans la maison tout acte d'autorité qu'il croit nécessaire au bon ordre et aux intérêts de la communauté.

CHAPITRE II.

Du gouvernement de la Communauté.

I.

Considération recommandée. En ce qui concerne le gouvernement de la communauté, les religieuses ne perdront jamais de vue que *toute autorité vient de Dieu*, et que *l'autorité légitimement établie l'est selon l'ordre et les desseins du Seigneur.*

II.

Quatre Dignitaires. Le gouvernement de la communauté est confié à quatre *Dignitaires* choisies par voie d'élection, savoir : une Prieure, une Sous-Prieure et deux Conseillères.

III.

Rang et autorité de la Prieure. La prieure ou supérieure préside partout dans le monastère : elle y exerce l'autorité au nom de Dieu, et comme remplaçante de la très-sainte Vierge. Elle nomme aux différents emplois, elle avertit, elle exhorte, elle reprend, elle dirige les religieuses dans l'intérêt du bien, et toutes lui doivent respect profond, obéissance complète et dévouement sincère.

IV.

Rang et attributions de la Sous-Prieure. La sous-prieure ou assistante prend rang partout après la prieure, et toutes ont pour elle respect et soumission. La sous-prieure aide la prieure dans le gouvernement de la communauté, et la remplace, en cas de maladie ou d'absence, dans l'exercice de l'autorité : elle a le droit d'avertir et de réprimander pour tout manquement commis en sa présence ; mais elle n'agit qu'au nom de la prieure, lui rendant compte de ce qu'elle a fait et lui restant soumise en tout comme les autres religieuses.

V.

Rang des Conseillères. La première conseillère tient le troisième rang dans la communauté, qu'elle préside en l'absence de la prieure et de la sous-prieure. La seconde conseillère tient le quatrième rang dans la communauté, qu'elle préside en l'absence de la prieure, de la sous-prieure et de la première conseillère. Les deux conseillères ont, par leur charge, une juste prépondérance dans le monastère, et les religieuses les entourent d'égards très-respectueux.

VI.

Attributions des Conseillères. Les conseillères aident la prieure dans le gouvernement par leurs sages conseils. La prieure demande leur avis lorsqu'il s'agit d'adopter une mesure importante. Les conseillères sont en outre appelées à délibérer, avec la prieure et la sous-prieure, sur l'opportunité des dépenses un peu considérables, et à vérifier les comptes de la maison; elles ont droit également d'avertir les religieuses qui commettraient quelques manquements en leur présence, et les religieuses averties doivent obtempérer à l'avertissement donné. Enfin il entre dans les attributions des conseillères de prévenir la prieure des abus qui se glisseraient dans la communauté.

VII.

Règlement des affaires. La prieure règle de sa propre autorité les affaires ordinaires; mais afin que toute la responsabilité ne pèse pas sur elle, il y a deux conseils établis pour juger avec elle les affaires importantes. Ces deux conseils sont : 1° le *Conseil ordinaire*, dit Conseil de la prieure, lequel est composé de la prieure, de la sous-prieure et des deux conseillères; 2° *le grand Conseil*, dit Conseil de la communauté, lequel est composé de la prieure présidente, de la sous-prieure, des deux conseillères, et en outre de *huit discrètes* appelées à représenter la communauté. La prieure règle avec son conseil les affaires et les dépenses qui, par leur nature ou leur importance, sortent de la catégorie ordinaire. Elle règle avec le conseil de la communauté les affaires et les dépenses dont l'importance est majeure.

VIII.

Pouvoirs réglés concernant les admissions. C'est à la prieure qu'il appartient d'accorder aux aspirantes l'entrée du monastère et du noviciat pour commencer leur épreuve. — L'admission des aspirantes au chapitre, en qualité de postulantes prenant rang dans la communauté, est prononcée par la prieure, d'accord avec son conseil. — L'admission à la vêture religieuse et aux premiers vœux est prononcée par le conseil de la communauté, votant avec la prieure. — L'admission aux grands vœux est prononcée par toutes les mères professes, votant avec la prieure.

CHAPITRE III.

Élections.

1.

Indications générales. Les Élections ont toujours lieu du 5 au 20 Juin, sauf le cas d'élection accidentelle dont il est parlé dans l'article suivant. Dans toutes les élections, on procèdera au scrutin secret, et les bulletins de votes seront imprimés. Les mères professes sont seules appelées à voter dans les élections, et aucune d'elles ne peut refuser de voter. La prieure, la sous-prieure et les deux conseillères doivent toujours être choisies parmi les mères professes qui remplissent les conditions d'âge et d'années de profession déterminées ci-après. La prieure, la sous-prieure, la première et la seconde conseillère sont élues séparément. Pour qu'une mère professe soit élue à la charge de prieure, ou de sous-prieure, ou de première conseillère, ou de seconde conseillère, elle devra obtenir la majorité des suffrages. Toutefois, au quatrième scrutin, la pluralité des voix suffirait, si aucune religieuse n'avait obtenu la majorité requise pour l'élection dont il s'agit. Les élections générales ont lieu pour quatre ans. Lorsque les élues ont été en charge pendant quatre années, on procède à de nouvelles élections.

II.

Elections accidentelles. Si la prieure vient à mourir ou cesse légitimement ses fonctions pendant son quatriennat, on procède à des *Elections générales.* Ces élections, survenues par accident, ont lieu pour quatre ans, ainsi comptés : si l'élection accidentelle a lieu après le 31 Janvier et avant l'époque ordinaire, les quatre années sont censées ne commencer qu'au mois de Juin suivant. Si au contraire l'élection accidentelle a lieu après l'époque ordinaire et avant le 1er Février, les quatre années sont censées avoir commencé au mois de Juin précédent. Lorsque la sous-prieure ou une conseillère vient à mourir ou à cesser légitimement ses fonctions pendant un quatriennat, on procède à une *Election partielle* pour la remplacer : l'élection a lieu pour le temps qui reste à courir pour achever le quatriennat; s'il restait moins d'un an pour arriver à la fin du quatriennat, on pourrait attendre les élections générales.

III.

Conditions d'âge et d'années de profession. Pour qu'une mère professe soit éligible à la charge de prieure, il faut qu'elle ait au moins trente ans d'âge révolus et huit années accomplies de profession (comptées depuis les premiers vœux). Pour qu'une mère professe soit éligible à la charge de sous-prieure ou de conseillère, il faut qu'elle ait au moins vingt-huit ans d'âge révolus et six années accomplies de profession.

IV.

Réélection. La même religieuse peut exercer la charge de prieure pendant *douze années* consécutives : conséquemment elle peut être réélue deux fois de suite, c'est-à-dire après quatre et après huit années de supériorité ; mais après douze années consécutives d'exercice, elle cesse d'être rééligible pour l'élection suivante. La même religieuse peut être réélue indéfiniment soit sous-prieure, soit première conseillère, soit seconde conseillère. La réélection dans la même charge exige les deux tiers des suffrages : ainsi, pour que la prieure soit réélue prieure, pour que la sous-prieure soit réélue sous-prieure, pour que la première conseillère soit réélue première conseillère, pour que la seconde conseillère soit réélue seconde conseillère, elle doit obtenir les deux tiers des suffrages. Néanmoins la simple majorité ou la pluralité des voix suffirait au quatrième scrutin pour la réélection, si trois premiers scrutins n'avaient donné à aucune le nombre de voix requis pour qu'il y eût élection ou réélection.

V.

Acceptation et démission. Toute religieuse élue ou réélue à une charge quelconque est obligée d'accepter. Il faudrait, pour qu'une religieuse élue ou réélue refusât validement, qu'elle obtînt le consentement de Monseigneur l'Archevêque. Egalement aucune démission n'a d'effet que quand Monseigneur fait connaître qu'il accepte ladite démission.

VI.

Autorité de Monseigneur l'Archevêque sur les élections. Monseigneur préside, par lui-même ou par son délégué, les élections de la prieure, de la sous-prieure et des deux conseillères. L'approbation ou confirmation des élections est réservée à Monseigneur. Les élues ou réélues entrent en fonction immédiatement après l'élection ; mais avant l'approbation de Monseigneur, la prieure ne prend, sauf le cas d'urgence, aucune mesure importante, et elle se borne à diriger toutes choses selon l'ordre et à expédier les affaires ordinaires.

VII.

Election des Discrètes. Afin que la communauté soit représentée dans le grand conseil, selon son propre choix, *huit Discrètes* sont choisies par voie d'élection. Cette élection a lieu aussi pour quatre ans, au scrutin secret, par bulletins imprimés, et toujours en même temps que les élections générales. Les mères professes sont seules appelées à donner leurs suffrages pour l'élection des discrètes, et seules elles sont éligibles à cette charge. Toute mère professe est éligible à la charge de discrète sans condition d'âge ni d'années de profession, et elle est indéfiniment rééligible. L'élection des discrètes n'est ni présidée ni confirmée par Monseigneur l'Archevêque : les discrètes sont élues, par moitié de leur nombre, en deux scrutins secrets, à la simple pluralité[1] des voix ; la réélection n'exige également que la simple pluralité des voix. Si une discrète vient à mourir, ou ne peut assister au grand conseil, elle est remplacée par la religieuse qui a obtenu le plus de voix après les élues, et ainsi de suite s'il manquait plusieurs discrètes.

VIII.

Dispositions des esprits. Les religieuses regarderont les élections comme une chose importante et sacrée : elles supplieront le

---

[1] C'est-à-dire qu'une mère professe est élue discrète, lorsque son nom sort de l'urne un plus grand nombre de fois que celui des autres.

Seigneur de les éclairer; puis elles pèseront, dans le secret, les choix qu'elles doivent faire. Elles se détermineront librement et d'elles-mêmes pour leurs choix : elles voteront dans des vues tout à fait saintes, c'est-à-dire par l'unique désir d'accomplir les desseins du bon Maître et de procurer le bien de la communauté, selon les lumières que Dieu leur aura données. Elles agiront avec une droiture qui repousse toute intrigue et toute ambition, et s'il n'y a pas toujours, dans les scrutins, unanimité de suffrages, il y aura toujours, dans les cœurs, unanimité d'adhésion aux choix accomplis légitimement.

IX.

Grande discrétion. Les religieuses ne parleront pas entre elles des élections; elles éviteront strictement de s'en entretenir avec les personnes du dehors, même avec les ecclésiastiques; elles s'abstiendront rigoureusement de se communiquer leurs pensées concernant les choix qu'elles veulent faire. Jamais elles ne feront connaître, avant les élections, à qui elles ont dessein de donner ou de refuser leurs suffrages, et après les élections, elles garderont un silence absolu sur les noms qu'elles ont déposés ou qu'elles n'ont pas déposés dans l'urne. Si une religieuse vient à connaître à qui une consœur a donné son suffrage, elle ne peut en parler à personne.

CHAPITRE IV.

Admission des sujets. — Qualités requises. — Conditions temporelles.

1.

Prudence recommandée. A moins qu'il ne s'agisse d'une personne bien connue, un examen prudent doit précéder l'admission de tout sujet qui se présente. En effet, il est essentiel que l'entrée du monastère ne soit accordée qu'avec réserve et discrétion aux aspirantes qui demandent à être admises dans la communauté. La prudence exige qu'on pèse, avant l'entrée, s'il y a espoir que l'aspirante se formera à l'esprit religieux et persévèrera dans sa vocation.

II.

Qualités requises. Les qualités requises pour l'admission peuvent se résumer ainsi : une naissance légitime, le consentement des parents, du moins pour les mineures, un bon fonds de religion, une santé suffisante, une réputation intacte, une aptitude convenable, un caractère conciliant et soumis, un jugement sain et des marques de vraie vocation.

III.

Obstacles à l'admission. Neuf circonstances d'âge, de position ou de caractère, forment un obstacle complet à l'admission d'un sujet; ces obstacles sont : 1° une trop grande jeunesse (moins de seize ans), ou un âge trop avancé (quarante ans accomplis); 2° la sortie d'une autre communauté, même comme simple novice; 3° des obligations pécuniaires que l'aspirante ne pourrait remplir et qui seraient de nature à compromettre le repos de la communauté ; 4° une notable difformité extérieure ; 5° un penchant invétéré et très-prononcé à l'humeur noire et à la tristesse ; 6° une grande exaltation d'esprit jointe à une piété mal entendue et portée à tout ce qui est extraordinaire ; 7° des scrupules outrés et apparemment inguérissables ; 8° la qualité de veuve, même sans enfants ; 9° une suffisance pleine d'orgueil qui paraîtrait devoir empêcher l'esprit d'abnégation, le renoncement à la volonté propre et le sentiment des misères personnelles.

IV.

Difficultés pour l'admission. Sept autres circonstances et dispositions, sans présenter toujours un obstacle complet à l'admission d'une aspirante, rendent néanmoins l'admission plus difficile. Ces circonstances et dispositions sont : 1° une légère difformité extérieure ; 2° la longue fréquentation des plaisirs mondains ; 3° la présence de deux sœurs, ou d'une sœur et d'une nièce, déjà religieuses dans le monastère ; 4° une amitié particulière portée fort loin envers une personne de la communauté ; 5° une aversion prononcée contre une personne de la communauté ; 6° certaines infirmités non apparentes, mais réellement gênantes ou inquiétantes ; 7° un âge où déjà il devient plus difficile de se former à l'obéissance (trente ans accomplis).

V.

Vues désintéressées. Les avantages temporels seront considérés comme entièrement secondaires dans l'admission des sujets. Les conditions pécuniaires seront débattues avec un louable désintéressement, et réglées sans exigence. Les bonnes qualités et les dispositions de l'esprit et du cœur seront considérées comme apports principaux.

VI.

Conditions temporelles. Les aspirantes-dames qui ont de la fortune apportent en entrant une somme de 400 francs, pour frais à leur charge jusqu'à la profession. Elles versent 800 francs à l'époque de la vêture religieuse. Elles versent 1200 francs à l'époque de la profession. Elles paient une pension annuelle et viagère de 600 francs [1]. La prieure peut, lorsqu'il y a de bonnes raisons et d'accord avec son conseil, n'exiger même des aspirantes riches, qu'une partie des sommes fixées ci-dessus. Elle peut également, d'accord avec son conseil, admettre gratuitement toute aspirante-dame qui annonce de l'aptitude et une bonne vocation, et qui ne pourrait rien ou presque rien fournir. La communauté n'exige jamais rien pour l'admission des sœurs coadjutrices. Tout ce qui est versé par la religieuse ou par sa famille, n'est accepté par la communauté qu'à titre de compensation, et jamais il ne peut exister aucun droit de répétition sur ce qui a été versé.

VII.

Inventaire. Trousseau religieux. Aucune religieuse ne fournit son trousseau religieux. A l'époque de la vêture religieuse, on établit l'inventaire du trousseau laïc qui est à l'usage de la postulante et dont elle

---

[1] Cette pension cesse quand la religieuse a des revenus d'un chiffre équivalent ou supérieur.

se dépossède au profit du monastère. La communauté procure, dès le jour même de la vêture religieuse, à chacun de ses membres, le trousseau, les meubles et les objets nécessaires aux religieuses dans la maison. Le trousseau, les meubles et les objets fournis aux novices et aux religieuses, restent la propriété de la communauté. Le sujet n'en a que l'usage, selon l'obéissance et la sainte pauvreté.

VIII.

Travail dû à la Communauté. Dès le jour de l'admission comme postulante au chapitre, toute aspirante doit son travail à la communauté.

CHAPITRE V.

Temps de probation. — Lieu particulier dit Noviciat. — Exercices particuliers.

I.

Durée du temps de probation. Le temps de probation se divise en deux parties : la première commence au jour de l'entrée de l'aspirante et dure jusqu'aux premiers vœux ; la seconde commence aux premiers vœux et dure jusqu'aux grands vœux.

II.

Première épreuve. Toute aspirante admise dans le monastère passera d'abord au moins un mois de première épreuve comme séculière, avant de faire son entrée au chapitre en qualité de postulante et de prendre rang dans la communauté.

III.

Seconde épreuve. Toute postulante admise à prendre rang dans la communauté, passera au moins trois mois en cette qualité dans la maison, avant d'être admise à la vêture religieuse.

IV.

Troisième épreuve. Toute novice portera le voile blanc au moins pendant dix-huit mois, avant d'être admise au bonheur de prononcer les premiers vœux.

V.

Dernière épreuve. Toute jeune professe passera encore cinq ans et quelquefois six ans au noviciat, pour se perfectionner dans l'esprit religieux, avant d'obtenir la faveur de prononcer les grands vœux.

VI.

Faculté de prolonger et non d'abréger. Le temps fixé ci-dessus comme épreuve nécessaire, pourra être prolongé selon la prudence et l'utilité, mais il ne sera presque jamais abrégé. Pour abréger de plus de dix jours le temps fixé dans l'article III, de plus de trois semaines le temps fixé dans l'article IV, et de plus de six semaines le temps fixé dans l'article V, il faudrait une dispense de Monseigneur, motivée par des raisons graves.

VII.

Lieu particulier dit Noviciat. Il y aura dans la communauté un lieu particulier qu'on appellera le Noviciat, et qui sera destiné à la réunion des novices[1]. Les novices-dames auront le noviciat pour lieu d'étude et de travail; elles s'y tiendront habituellement et y passeront le temps qu'elles ne doivent pas employer à des devoirs imposés ou aux exercices de communauté. Les novices coadjutrices viendront au noviciat pour les réunions ordinaires. Les jeunes professes ne quitteront définitivement le lieu appelé noviciat, qu'au jour où elles prononceront leurs grands vœux.

VIII.

Exercices particuliers. Les novices suivent, jusqu'au jour où elles prononcent leurs grands vœux, certains exercices particuliers, nommés *Exercices du Noviciat.* Ces exercices sont déterminés dans un règlement spécial, dit *Règlement du Noviciat.* Ces exercices ont pour but de former les novices à la science et à la pratique des vertus religieuses.

[1] Dans ce terme général on comprend les aspirantes, les postulantes, les novices portant le voile blanc, et les jeunes professes.

CHAPITRE VI.

Directrice du Noviciat. — Bon esprit des Novices.

I.

Directrice du Noviciat. Le soin d'instruire et de former les novices à l'observation de la règle et à l'esprit de la maison, sera confié à une religieuse grave et prudente, laquelle sera désignée par la prieure et portera le titre de Directrice du noviciat ou de Maîtresse des novices.

II.

Attributions de la Directrice du Noviciat. La directrice agira comme remplaçante de la prieure, auprès de toutes les personnes du noviciat, depuis leur entrée comme aspirantes jusqu'au jour où elles prononceront leurs grands vœux. Elle les guidera dans leur conduite habituelle, avec droit de réprimande et de correction; elle leur donnera les dispenses et les permissions ordinaires; elle s'occupera avec autorité de leurs besoins spirituels et de tout ce qui les concerne. Toutefois la prieure conserve sa plénière autorité sur chaque personne du noviciat et sur la directrice elle-même. La sous-prieure et les conseillères conservent également leurs attributions générales à l'égard de toutes les personnes du noviciat et de la directrice.

III.

Soins exclusifs. Il n'appartient qu'à la prieure et, en son nom, à la maîtresse des novices, de s'occuper de la direction intérieure et spirituelle des personnes du noviciat. Les mères et sœurs professes ne se mêleront aucunement de cette direction. Si, dans un cas particulier, elles croient devoir donner un avertissement sérieux à une personne du noviciat, elles en rendront compte à la prieure ou à la directrice ; jamais elles n'écouteront *les confidences* qu'une personne du noviciat voudrait leur faire concernant son intérieur.

IV.

Zèle des Novices pour se former. Les personnes du noviciat doivent, pendant toute la durée du temps de probation, travailler à se dépouiller entièrement de l'esprit du monde, s'appliquer généreusement à se corriger de leurs défauts et de leurs imperfections, s'efforcer d'acquérir l'esprit religieux, et se former énergiquement à cette vie d'humilité, d'abnégation, de ferveur et d'obéissance qui peut seule les rendre les imitatrices de Jésus-Christ et les conduire au Ciel.

V.

Ouverture de cœur. Elles se garderont bien de concentrer en elles-mêmes ce qui concerne les besoins de leur âme, car elles s'exposeraient à tomber dans l'illusion et à ne faire aucun progrès dans la vertu : chacune donc se fera un devoir d'ouvrir ingénument son cœur aux personnes chargées de sa conduite intérieure, de découvrir ses tentations et ses peines, de faire connaître ses bonnes et ses mauvaises dispositions, et de demander conseil dans toutes les difficultés qui peuvent survenir.

VI.

Docilité d'esprit. Jamais elles ne prétendront se diriger elles-mêmes, ni suivre leurs propres idées ; mais afin d'éviter les piéges de Satan, elles écouteront avec foi et elles suivront avec docilité d'esprit, les avis et les décisions qui leur seront donnés, soit par le confesseur, qui représente Dieu pour elles, soit par la prieure, qu'elles doivent considérer comme une mère dévouée et désireuse de leur bonheur, soit plus habituellement par la directrice du noviciat, qui est leur charitable confidente et aussi leur bienveillante mère dans la communauté.

VII.

Examen que doit faire l'Aspirante. Les aspirantes doivent, pendant les vingt-deux premiers mois de leur temps de probation, examiner à fond et avec une entière pureté d'intention, si leur vocation vient de Dieu, si le genre de vie dont elles font l'apprentissage, n'excède point leurs forces, et si elles trouveront, dans la communauté, les moyens de salut nécessaires pour soutenir leur faiblesse et les porter au bien.

VIII.

Examen de la part de la Communauté. Pendant le temps de probation, les mères professes, sans s'occuper directement des sujets qui se forment au noviciat, tâcheront néanmoins d'apprécier, dans les rapports extérieurs, les dispositions, les bonnes qualités, les défauts, les nuances de caractère et le degré d'aptitude de chaque sujet, afin de pouvoir voter avec connaissance de cause, lorsqu'il s'agira de l'admission.

CHAPITRE VII.

Vêture religieuse.

I.

Age requis. Aucune postulante ne sera admise à la vêture religieuse avant l'âge de dix-sept ans accomplis.

II.

Mode d'admission. C'est au scrutin secret et en la forme adoptée pour ses décisions, que le conseil de la communauté prononce l'admission à la vêture religieuse : pour que l'admission soit prononcée, il faut que la postulante obtienne les deux tiers des suffrages.

III.

Retraite et confession. La postulante admise à la vêture religieuse s'y disposera par une retraite de huit jours. Elle fera, pendant cette retraite, si le confesseur n'y trouve pas d'obstacle, une confession salutaire de toutes les fautes de sa vie.

IV.

Droit du Supérieur majeur. C'est à Monseigneur l'Archevêque de Cambrai qu'il appartient de donner, par lui-même ou par son délégué, le voile blanc aux novices, et de s'assurer préalablement de l'aptitude et des dispositions du sujet admis par la communauté.

V.

Liberté de rentrer dans le monde. Quoique la prise d'habit soit un grand pas fait dans la vie religieuse, néanmoins il n'y a point d'engagement contracté, et la novice reste libre de quitter le monastère. De son côté la prieure peut toujours, d'accord avec le conseil de la communauté, lui dire de se retirer.

VI.

Examen et décision de prévision. Lorsqu'une novice aura porté le voile blanc pendant neuf mois, le conseil de la communauté examinera l'aptitude et les dispositions de cette novice, puis ledit conseil décidera, au scrutin secret, si la novice donne de l'espoir et peut continuer utilement son noviciat, ou s'il vaut mieux, sa future admission aux premiers vœux paraissant impossible, qu'elle se retire sans attendre davantage.

VII.

Étude de la Règle. Les novices auront soin de lire attentivement toute la règle avant leur profession : elles l'étudieront avec zèle, elles tâcheront d'en bien comprendre l'esprit, et elles s'efforceront d'apprécier, selon la foi, les obligations qu'elle impose.

VIII.

Observation de la Règle. Quoique les novices ne contractent pas l'obligation en conscience d'observer la règle, néanmoins elles doivent se conformer avec une scrupuleuse exactitude à toutes ses prescriptions; sans cette attention vigilante, elles montreraient que leur vocation est bien douteuse.

CHAPITRE VIII.

Premiers vœux.

I.

Age requis. Aucune novice ne sera admise à faire profession avant l'âge de dix-neuf ans accomplis.

II.

Mode d'admission. C'est au scrutin secret et en la forme adoptée pour ses décisions, que le conseil de la communauté prononce l'admission aux premiers vœux. Pour que la novice soit admise, elle doit obtenir les deux tiers des suffrages.

III.

Retraite. La novice admise à prononcer ses premiers vœux, se prépare à cet acte solennel par une retraite de huit jours.

IV.

Droit du Supérieur majeur. C'est à Monseigneur l'Archevêque de Cambrai qu'il appartient de recevoir, par lui-même ou par son délégué, les premiers vœux des religieuses, et de s'assurer préalablement de la vocation et de l'aptitude du sujet admis par la communauté.

V.

Formule des premiers Vœux. Les religieuses prononcent leurs premiers vœux selon la formule suivante :

Moi, *N.*, novice bernardine sous le nom de dame *N.* (ou de sœur *N.*, s'il s'agit d'une sœur coadjutrice),

Voulant me consacrer à Dieu, dont je crois suivre la volonté adorable ;

Sous la protection de tous les Anges et de tous les Saints, et spécialement de notre glorieux père saint Bernard ;

Avec l'assentiment et sous l'autorité de Monseigneur l'Archevêque de Cambrai, notre père en Dieu ;

En ce monastère consacré à l'auguste Mère du Sauveur, sous le titre de Notre-Dame de la Plaine, à Esquermes, et entre les mains de dame *N.*, prieure de cette communauté;

Je promets de faire de constants efforts pour me corriger de mes défauts et pour avancer dans la vertu : et je fais vœu de chasteté, de pauvreté, d'obéissance et de stabilité, selon les saintes règles de la communauté, lesquelles règles je promets, sous la garde de mon bon ange, d'observer fidèlement pour le salut de mon âme. Je promets en outre un culte particulier d'amour, d'imitation et de dévouement à la bienheureuse et toujours immaculée Vierge Marie.

Je dépose mes engagements sacrés dans le divin Cœur de Jésus, lui demandant ferveur et persévérance.

Ma révérende mère, je m'abandonne sans volonté et sans réserve entre vos mains, ainsi qu'entre les mains des prieures qui vous succèderont légitimement dans ce monastère.

VI.

Nature et effets des premiers Vœux. Les

premiers vœux sont absolus et perpétuels du côté de la novice qui fait professsion. Par ses premiers vœux, la jeune professe devient l'enfant adoptive de la communauté et la sœur en Dieu de toutes les religieuses. Toutefois elle reste au nombre des petits enfants de la famille, et elle continue à se former au noviciat sous les soins spéciaux de la maîtresse des novices.

VII.

Restriction convenue. Quoique les premiers vœux soient absolus et perpétuels du côté de la novice qui fait profession, la communauté se réserve néanmoins le droit de faire cesser, au bout de six ans, les premiers vœux d'une jeune professe, si le bien du monastère l'exigeait. C'est en n'admettant pas la jeune professe aux grands vœux que la communauté manifesterait sa décision à cet égard : le seul fait de la non-admission définitive aux grands vœux, ferait cesser tout engagement antérieur. Les premiers vœux ne sont reçus que sous cette condition.

VIII.

Indication spéciale. Ces paroles de la formule des vœux, *selon les saintes règles de la communauté*, signifient que les religieuses de ce monastère prononcent leurs premiers vœux dans le sens et sous les réserves exprimées dans la règle, dans le directoire et dans les règlements approuvés pour la communauté.

CHAPITRE IX.

Grands vœux.

I.

Epoque ordinaire. Cinq ans après leurs premiers vœux, les jeunes professes à qui le scrutin de la communauté est favorable, sont admises au bonheur de prononcer leurs grands vœux.

II.

Délai accidentel. Si le scrutin de la communauté n'est pas favorable à une jeune professe, cinq ans après les premiers vœux, les grands vœux sont différés d'un an : si au bout de la sixième année le scrutin de la communauté est favorable à la jeune professe, elle est admise au bonheur de prononcer ses grands vœux.

III.

Mode d'admission. C'est au scrutin secret que les mères professes prononcent l'admission aux grands vœux. Pour que la jeune professe soit admise, elle doit obtenir les deux tiers des suffrages.

IV.

Droit du Supérieur majeur. C'est à Monseigneur l'Archevêque de Cambrai qu'il appartient de recevoir, par lui-même ou par son délégué, les grands vœux des jeunes professes, lorsque la communauté a prononcé l'admission.

V.

Retraite et confession. Les jeunes professes se prépareront à la cérémonie des grands vœux par une retraite sérieuse de trois jours : elles feront, si le confesseur n'y trouve point d'obstacle, une confession salutaire de toutes les fautes qu'elles ont commises depuis leurs premiers vœux.

VI.

Formule des grands Vœux. Les religieuses prononcent leurs grands vœux selon la formule suivante :

En ce monastère de Notre-Dame de la Plaine, à Esquermes ;

Moi, dame N. (ou sœur N.), admise par miséricorde à prononcer mes grands vœux, en qualité de religieuse de chœur (ou de religieuse coadjutrice) ;

Déplorant amèrement les nombreuses fautes que j'ai commises, désirant assurer mon salut éternel par une vie tout à fait sainte, et croyant accomplir les desseins du Seigneur sur moi ;

Sous l'autorité et avec la permission de Monseigneur N., notre illustrissime et révérendissime archevêque et père en Dieu, et entre les mains de dame N., prieure de ce monastère;

Je renouvelle tous les engagements sacrés de ma profession, et voulant vivre et mourir en vraie religieuse bernardine, je réitère du fond de mon cœur et pour le reste de ma vie, 1° ma promesse de faire de constants efforts pour me corriger de mes défauts et pour avancer dans la vertu; 2° mes vœux de chasteté, de pauvreté, d'obéissance et de stabilité; 3° ma promesse d'aimer, d'honorer et d'imiter Marie, notre auguste Mère; 4° ma promesse d'observer les saintes règles de la communauté dans tous leurs points et dans toutes leurs prescriptions.

J'entends me lier, par ces vœux et ces promesses, dans le sens et selon l'étendue que fixent les saintes règles de la communauté.

Je dépose mes engagements sacrés dans le divin Cœur de Jésus, à qui je demande ferveur et persévérance jusqu'à mon dernier soupir.

Ma révérende mère, je m'abandonne

de nouveau, sans volonté et sans réserve, entre vos mains, et entre les mains des prieures qui vous succèderont légitimement dans ce monastère.

VII.

Nature des grands Vœux. Les grands vœux n'ajoutent rien aux obligations et aux engagements contractés par les premiers vœux, dont ils sont la simple et pieuse confirmation ; seulement la mère ou sœur professe doit s'animer à remplir d'une manière toujours plus sainte et plus parfaite, ce qu'elle a promis à son divin Époux.

VIII.

Liens plus intimes. La religieuse qui a prononcé ses grands vœux devient, d'une manière définitive, membre de la communauté, et elle est placée parmi les aînées de la famille. On lui applique, dans le monastère, ces paroles de l'Écriture : *Etablissez votre héritage dans Israël, et prenez racine parmi mes élus.* La communauté ne se réserve pas le droit de faire cesser, par son intervention privée, les grands vœux des religieuses : l'autorité de Monseigneur est nécessaire pour rompre les liens qui attachent une mère ou sœur professe à la communauté.

IX.

Effets spéciaux. Les *religieuses de chœur* qui ont prononcé leurs grands vœux, deviennent *vocales*, c'est-à-dire : 1° qu'elles sont appelées à donner leurs suffrages dans les élections, et qu'elles-mêmes sont éligibles aux différentes charges, lorsqu'elles remplissent les conditions d'âge et d'années de profession déterminées ailleurs; 2° qu'elles sont appelées à donner leurs suffrages pour l'admission des jeunes professes aux grands vœux ; 3° qu'elles ont voix délibérative au chapitre, lorsque la communauté doit prendre une décision en assemblée générale.

X.

Fin du temps de probation. Les religieuses qui ont prononcé leurs grands vœux, quittent le noviciat, et s'adressent directement à la prière pour les besoins de leur âme et pour les permissions nécessaires. Mais le lien de la discipline n'est point relâché pour elles : au contraire, elles doivent s'appliquer de plus en plus à l'étude de l'esprit religieux et à la considération des moyens pratiques qui conduisent à la perfection, veillant plus que jamais sur elles-mêmes et s'efforçant de donner le bon exemple.

XI.

Indication particulière. Ces paroles de la formule des grands vœux, *j'entends me lier*, etc., signifient que les grands vœux, comme les premiers vœux des religieuses de ce monastère, sont prononcés et reçus selon les dispositions et conditions exprimées dans la règle, dans le directoire et dans les règlements approuvés pour la communauté.

CHAPITRE X.

Exercices de la journée.

1.

Ordre des Exercices. Le lever a lieu en tout temps à cinq heures. A cinq heures et demie, on se rend à l'église pour la prière du matin. Après la prière on récite en chœur prime et tierce. — A six heures, occupations selon l'obéissance jusqu'à six heures et demie. — A six heures et demie, méditation à l'église jusqu'à sept heures. Immédiatement après la méditation, on récite en chœur sexte et none. — A sept heures et un quart, messe conventuelle : on communie pendant la messe. — A huit heures, le déjeuner. — Depuis huit heures un quart jusqu'à midi et demi, travail et occupations selon l'obéissance. — On interrompt le travail pendant cinq minutes avant midi pour l'examen particulier. — A midi et demi, le dîner. — Depuis le dîner jusqu'à une heure et demie, temps libre et délassement en particulier. — A une heure et demie, récréation en commun jusqu'à deux heures. — Depuis deux heures jusqu'à quatre heures, travail et occupations selon l'obéissance. — A quatre heures, on se rend à l'église pour réciter en chœur vêpres et complies. Immédiatement après complies, on chante le *Salve*, puis le salut s'il y a lieu. — Après le *Salve* ou après le salut, travail et occupations selon l'obéissance jusqu'à six heures et demie. — A six heures et demie, on se rend à l'église pour réciter en chœur matines et laudes. — A sept heures, le souper suivi de la récréation en commun jusqu'à huit heures. — A huit heures, prière du soir à l'église, examen des fautes de la journée et préparation de la méditation du lendemain. — Après cet exercice, complément d'occupations, ou prières, ou repos pour celles dont la santé l'exige. — A neuf heures vingt minutes, retraite à la cellule et coucher. Toutes doivent être couchées pour neuf heures et demie. — Pendant la journée, chacune choisit le moment le plus opportun pour réciter une fois le chapelet.

II.

Différences pour les sœurs coadjutrices. Les sœurs coadjutrices suivent l'ordre des exercices réglés ci-dessus, à l'exception des points suivants : 1° Elles devancent le lever d'un quart-d'heure, se rendent à l'église à cinq heures, récitent d'abord les prières qui représentent pour elles matines et laudes, puis font la méditation jusqu'au son de l'*Angelus* qui précède la prière du matin. 2° Après la prière du matin, elles récitent les prières qui représentent pour elles prime, tierce et sexte; se rendent ensuite au travail jusqu'à sept heures dix minutes et reviennent à l'église pour la messe conventuelle. 3° Dans l'après-midi, elles se rendent à l'église pour le chant du *Salve*, et après le *Salve* elles récitent les prières qui représentent pour elles none, vêpres et complies; puis elles se rendent au travail jusqu'au souper. 4° Elles continuent leur besogne ordinaire pendant la récréation du soir.

III.

Dimanches et Fêtes. Les dimanches et les jours de fête, la sainte communion a lieu à sept heures (pendant la première messe, s'il y en a une), et le déjeuner à sept heures vingt minutes. La grand'messe se chante à huit heures. Les religieuses de chœur récitent sexte avant la grand'messe et none après. Les vêpres se chantent à trois heures et sont suivies du salut. Après le salut les religieuses de chœur récitent complies et chantent le *Salve*. Les sœurs coadjutrices se rendent à l'église pour le commencement des vêpres et y restent jusqu'à la fin du *Salve*, choisissant le moment qu'elles désirent, pendant ce temps, pour réciter les prières qui représentent pour elles none, vêpres et complies.

IV.

Changements. La prieure ne changera pas facilement l'ordre des exercices de la journée; elle tiendra à ce que tout s'accomplisse exactement aux heures marquées. Si des raisons de nécessité ou d'utilité exigent qu'elle change, pour un jour ou pour quelques jours, l'heure d'un ou de plusieurs exercices, elle s'efforcera de remettre le plus tôt possible toutes choses dans l'ordre prescrit. Pour changer l'ordre d'un exercice pendant plus d'une semaine, la prieure demandera l'assentiment du conseil ordinaire. Pour changer l'ordre d'un exercice pendant plus d'un mois, la prieure demandera l'assentiment du conseil de la communauté.

V.

Appréciation des Exercices journaliers. Les religieuses attacheront une grande importance aux exercices journaliers et aux devoirs ordinaires. Elles s'efforceront de les sanctifier, et elles préfèreront toujours le pieux accomplissement de ces devoirs et exercices, aux œuvres de surérogation même les plus attrayantes et les plus saintes.

CHAPITRE XI.

Exactitude aux exercices.

I.

Ne point manquer aux Exercices. Les religieuses se feront une loi inviolable d'assister très-exactement à tous les exercices réguliers : jamais une religieuse, à moins qu'elle n'en soit exemptée ou qu'elle ne se trouve légitimement empêchée, ne manquera à un exercice quelconque de communauté.

II.

En cas d'absence. Toute Religieuse qui s'absenterait sans permission [1] d'un exercice régulier, devrait en rendre compte sans délai, et si l'empêchement allégué n'offre pas un genre d'excuse suffisant, une pénitence sera imposée en réparation.

[1] Lorsque l'absence ou le retard est nécessité par l'accomplissement d'un devoir imposé, la religieuse est censée avoir toute permission voulue.

III.

Diligence prescrite. Les religieuses s'habitueront à se rendre avec une ponctuelle exactitude aux exercices réguliers : elles regarderont le son de la cloche comme la voix de Dieu qui les appelle, et chacune s'empressera toujours de lui répondre : *Me voici, Seigneur, parce que vous m'avez appelée.* Aucune, à moins d'une permission ou d'un empêchement légitime, ne se permettra d'arriver trop tard aux exercices réguliers.

IV.

Si une religieuse arrive trop tard. Toute religieuse qui arrivera trop tard à un exercice de communauté, devra, lorsque le retard n'aura pas été autorisé par une permission expresse, rendre compte du motif de ce retard : elle accomplira, s'il y a lieu, une réparation spéciale.

V.

Ne pas quitter. Aucune religieuse ne

quittera sans permission l'exercice régulier auquel elle assiste.

VI.

Lever et coucher. Les religieuses apporteront spécialement la plus grande exactitude pour le lever et le coucher : toute religieuse qui, sans permission expresse ou sans empêchement légitime, se lèverait ou se coucherait après l'heure fixée, manquerait notablement à la régularité. Lorsqu'une religieuse croira avoir un motif vraiment suffisant pour *présumer* la permission de se lever ou de se coucher après l'heure fixée, elle devra rendre compte *au plus tôt* à la prieure (ou à la maîtresse des novices, si elle est encore du noviciat) du motif de son retard.

CHAPITRE XII.

Exemptions et dispenses.

I.

Pouvoir de dispenser. Afin que toute impuissance réelle puisse être soulagée, sans laisser à la volonté propre la faculté de troubler l'ordre établi, la prieure a le droit de dispenser les religieuses, dans ce qui concerne les exercices de communauté et les prescriptions ordinaires de la règle.

II.

Sagesse dans les dispenses. Jamais la prieure n'accordera ni exemption ni dispense que pour une raison sage et digne de Dieu. Elle doit venir en aide à la faiblesse et non favoriser les caprices et la lâcheté.

III.

Réserve des religieuses. De leur côté les religieuses se feront une règle de ne pas demander des dispenses pour des motifs futiles : elles seront louables de recourir à la prieure dans tous les cas de besoin véritable, mais elles se garderont bien de céder trop facilement à l'amour de leurs aises.

IV.

Docilité. Elles résisteront également à tout sentiment exagéré qui les porterait à ne pas demander les exemptions dont elles auraient un besoin réel, ou à ne pas vouloir user des dispenses qui leur seraient données spontanément. La simplicité et la docilité sont, en ce qui concerne les dispenses, les vertus les plus désirables.

CHAPITRE XIII.

Repas.

I.

Au réfectoire de la communauté. Les repas ordinaires, déjeuner, dîner et souper, se prennent en silence au réfectoire de la communauté. Les malades peuvent seules prendre leurs repas hors du réfectoire : la dame infirmière les fait servir à l'infirmerie.

II.

Lecture pendant le repas. Afin que les religieuses aient l'avantage de nourrir leur âme en même temps que leur corps, on fera pendant chaque repas une lecture propre à édifier.

III.

Nourriture à servir. On servira habituellement aux religieuses la même nourriture et les mêmes boissons qu'aux pensionnaires ; on servira, après le dîner, en forme de petit dessert, une tartine avec un fruit, ou chose de ce genre, et une tasse de café.

IV.

Nourriture particulière. Si quelques religieuses ont besoin, pour raison de santé, d'une nourriture particulière, la dame infirmière la leur fera servir au réfectoire, sur une permission de la prieure.

V.

Prendre quelque chose hors des repas. S'il y a nécessité pour certaines religieuses de *goûter* et de prendre quelque chose hors des repas, elles en demanderont la permission à la prieure, et elles se rendront au lieu appelé *petite infirmerie*, pour prendre en silence ce qui leur aura été permis.

VI.

Modestie et recueillement. Les religieuses conserveront, pendant les repas, une grande modestie et un pieux recueillement; elles tâcheront d'être attentives à la lecture, et elles ne lèveront guère les yeux que pour apercevoir ce qui pourrait manquer à leurs voisines.

VII.

Honnêteté et propreté. Les religieuses observeront, pendant les repas, tout ce que commandent les règles de l'honnêteté et d'une propreté digne et convenable.

VIII.

Mortification. Les religieuses s'habitueront à pratiquer quelques légères mortifications dans les repas et surtout à comprimer les révoltes de la nature, toujours portée à se plaindre, lorsqu'elle ne trouve pas toutes choses de son goût. Néanmoins, afin d'éviter toute imprudence, les religieuses ne se priveront que de petites choses pendant les repas, et elles prendront avec simplicité la nourriture nécessaire pour soutenir leurs forces et se rendre aptes à travailler beaucoup dans l'amour du Seigneur.

IX.

Indications pour certains jours. Les religieuses ne seront pas tenues à garder le silence pendant le dîner, les jours où la communauté dînera avec les élèves : ces jours seront désignés dans le coutumier. Egalement à certains jours de solennité ou autres aussi désignés dans le coutumier, la prieure accordera colloque au réfectoire des religieuses vers la fin du dîner èt fera ajouter quelque chose au petit dessert ordinaire.

X.

Benedicite et grâces. Toujours les religieuses auront soin de réciter pieusement, avant et après les repas, le benedicite et les grâces, évitant l'inattention machinale qui accompagne trop souvent ces utiles et touchantes prières.

CHAPITRE XIV.

Récréation.

I.

Exactitude à s'y rendre. Les religieuses se rendront à la récréation commune avec la même exactitude qu'aux autres exercices réguliers, se souvenant que cet exercice peut, autant que les autres, plaire à Dieu et mériter le Ciel.

II.

Sainte gaieté. La récréation étant donnée

pour reposer l'esprit, il entre dans les vues du bon Maître qu'elle soit habituellement gaie et saintement animée ; que les cœurs s'y dilatent avec simplicité, et que chacune s'associe et contribue, selon son pouvoir, à la joie commune, selon ces paroles sacrées : *Que les justes se récréent sous les yeux de Dieu, et qu'ils goûtent les douceurs de la joie.*

III.

Jeux innocents et modestie. La prieure pourra permettre aux religieuses de se livrer à quelques jeux innocents pendant la récréation : néanmoins on y conservera toujours la modestie, la circonspection et la pieuse gravité qui conviennent aux épouses de J.-C.

IV.

Charité pleine de délicatesse. Dans toutes les récréations, les religieuses s'efforceront de montrer la douce aménité, le support cordial, l'affection franche et sincère qu'on doit retrouver partout entre des sœurs qui se respectent et qui s'aiment.

V.

Travail défendu. Tout travail appliquant, toute étude sérieuse sont défendus pendant la récréation.

VI.

Récréation en commun. Les religieuses se réuniront pour la récréation ; elles pourront, selon l'occurrence, se diviser par groupes désignés ; mais aucune ne se séparera de la récréation commune, pour se récréer à part avec une ou deux consœurs qu'elle préférerait.

VII.

Soumission et renoncement. Chacune s'abstiendra de vouloir diriger la récréation selon ses goûts personnels, mais toutes se montreront disposées à céder avec simplicité aux indications de la présidente et aux désirs des autres.

VIII.

Jours particuliers de récréation. Outre les moments de récréation indiqués pour chaque jour, il sera accordé chaque année, dans la bonté du Seigneur et pour rendre les religieuses plus aptes au travail, six jours de récréation particulière, lesquels seront désignés dans le coutumier. Ces jours-là le silence ne sera pas obligatoire (excepté dans les *lieux de silence*), depuis les grâces du déjeuner jusqu'à la prière du soir. Les religieuses pourront se réunir en groupes pour se récréer ou travailler ensemble.

IX.

Jours sans récréation. Il n'y a point de récréation, après le dîner ni après le souper, le mercredi des cendres, les trois derniers jours de la semaine sainte, la veille de la Pentecôte, la veille de l'Assomption, la veille de la Toussaint et la veille de Noël. Ces dits jours les religieuses passent le temps de la récréation dans un repos calme et silencieux, se promenant isolément ou s'occupant de choses très-peu appliquantes.

CHAPITRE XV.

Silence.

I.

Utilité du silence. Les religieuses n'oublieront jamais que le silence est le gardien des vertus, une barrière contre le relâchement et la sauve-garde de la vie intérieure : or le silence sera observé dans cette communauté selon les règles suivantes.

II.

Silence de la journée. Les religieuses s'habitueront d'abord à ne parler, hors le temps de récréation, que pour le besoin, le devoir, la charité ou l'utilité. Conséquemment elles s'abstiendront, pendant la journée, de dire des paroles tout à fait inutiles, de s'entretenir, par pure curiosité, de nouvelles extérieures propres à distraire, de perdre leur temps en vaines causeries, de faire des questions oiseuses et sans but sur des choses dont elles ne sont point chargées, et de rappeler, par pure satisfaction, des incidents qui n'intéressent nullement le salut. Le silence prescrit dans cet article s'appellera *le silence de la journée*.

III.

Lieux de silence. Les religieuses s'abstiendront de parler dans certains lieux du monastère où le silence est spécialement prescrit, et que pour cette raison on appellera *les lieux de silence*. Ces lieux sont : 1° le chapitre, le réfectoire de la communauté, les cellules et dortoirs des religieuses, les escaliers situés aux étages et les corridors aussi situés aux étages; 2° le noviciat, la bibliothèque et les cabinets d'étude ; 3° les caves, les greniers et tous les lieux de dépôt; 4° tout autre lieu que la prieure, d'accord avec son conseil, trouverait utile de désigner comme lieu de silence.

IV.

Silence de la nuit. Pendant la nuit, c'est-à-dire depuis le son de l'*Angelus* le soir jusqu'au son de l'*Angelus* le matin, le silence le plus strict et le plus rigoureux est prescrit dans tout le monastère. Ce silence s'appellera *le grand silence*, et toute religieuse qui l'enfreindrait sans raison légitime, manquerait notablement à la règle. Aucune ne peut, hors le cas de nécessité extraordinaire, parler à voix haute, ni même à demi-voix pendant le silence de la nuit. Si une raison urgente oblige de dire quelques mots pendant ce silence, on doit le faire à voix très-basse et le plus brièvement possible. Il est même prescrit à chacune d'éviter alors de causer du bruit, soit dans sa cellule, soit ailleurs, afin que tout soit calme dans le monastère, comme au tombeau du Sauveur, pendant les heures qui précédèrent la résurrection.

V.

Silence du matin et du soir. Le silence est également prescrit le matin, depuis le son de l'*Angelus* jusqu'après les grâces du déjeuner, et le soir, depuis l'appel à la prière jusqu'au son de l'*Angelus* à neuf heures. Ce silence, à cause des besoins qui peuvent se présenter alors, est moins rigoureux que le grand silence, en ce sens qu'il faut une raison moins notable pour autoriser *quelques mots* ; mais il n'est permis de parler alors qu'à voix basse, pour des choses vraiment nécessaires et toujours très-brièvement. Ce silence s'appellera *le silence du matin et du soir*.

V I.

Silence de cérémonie. Lorsque la communauté se rend *en ordre* dans un lieu, pour une cérémonie ou pour une réunion particulière, les religieuses doivent, pendant tout le trajet, garder un silence digne et grave, comme il convient à une assemblée sainte. Ce silence s'appellera *le silence de cérémonie*.

V I I.

Silence de recueillement. Les religieuses parleront d'un ton de voix moins élevé que le ton habituel de la conversation, et s'abstiendront plus attentivement de toute parole inutile, 1° pendant la grande retraite;

2° aux jours de recueillement; 3° aux veilles[1] de grandes fêtes; 4° depuis les secondes vêpres du jour de la Toussaint, jusqu'au dîner du jour de la Commémoraison des morts; 5° pendant les trois jours des prières de quarante heures; 6° depuis l'office de ténèbres le mercredi saint jusqu'au jour de Pâques; 7° depuis le moment de la mort d'une religieuse jusqu'après son enterrement. Un ton de voix modéré est également prescrit 1° dans les cabinets des portières; 2° près du cabinet de la prieure; 3° près de l'église et près des chapelles; 4° dans les autres lieux que la prieure, d'accord avec son conseil, pourrait désigner dans l'intérêt du bien. On appellera cette réserve dans les paroles et cette modération dans le ton de la voix, *le silence de recueillement*.

VIII.

Exceptions. Quelques exceptions concernant le silence prescrit dans les articles 3, 4, 5 et 6 ont dû être adoptées, et resteront fixées comme suit : 1° la prière à

---

[1] Celles où il y a jeûne prescrit par l'Église.

demi-voix et même à voix haute n'enfreint jamais le silence, excepté le silence de la nuit; par conséquent il est toujours permis aux religieuses qui travaillent ensemble de réciter en commun le chapelet ou quelques autres prières; 2° la prieure peut, à cause de ses graves devoirs et de la responsabilité attachée à sa charge, parler toutes les fois que la charité, l'utilité, de hautes convenances ou le bien spirituel l'exige, soit dans les lieux, soit pendant les heures et les temps de silence : dans ces mêmes temps et lieux, on doit toujours répondre à la prieure quand elle interroge, et on peut, dans ces mêmes temps et lieux, se présenter à elle pour lui parler, s'il y a un besoin réel de le faire; 3° il en est de même de la sous-prieure à l'égard de toutes les personnes de la communauté, de la directrice des novices à l'égard de toutes les personnes du noviciat, de la dame économe à l'égard des sœurs coadjutrices et des personnes de service, de la dame infirmière à l'égard des aides infirmières, mais toujours avec grande réserve et seulement pour des besoins réels ou pour l'accomplissement d'un devoir ; 4° les malades peuvent parler pendant les heures de silence autant qu'il est utile pour leur soulagement ; 5° la dame et les sœurs infirmières peuvent également parler aux malades pendant les heures de silence, autant qu'il est utile pour l'accomplissement de leurs devoirs et pour la consolation des consœurs souffrantes ; 6° les religieuses peuvent, dans tous les temps de silence, parler aux pensionnaires et aux personnes qui ne sont pas de la communauté, autant que le devoir, l'utilité réelle et la charité bien entendue l'exigent, évitant toutefois, autant que possible, d'enfreindre le grand silence.

IX.

Salle de conférence. Afin d'éloigner des religieuses tout prétexte de parler, sans une véritable utilité, dans certains lieux de silence, tels que le noviciat, la bibliothèque et les cabinets d'étude, il y aura dans le monastère une salle de conférence, c'est-à-dire une pièce désignée où les religieuses, qui ont besoin de s'entretenir assez longuement par devoir, puissent se retirer et conférer sans gêner personne. Cette pièce devra être disposée et éclairée de manière qu'on puisse toujours et facilement voir les personnes qui s'y trouveront.

CHAPITRE XVI.

Confession.

I.

Temps fixé pour la confession. Les religieuses se confesseront habituellement tous les huit jours : aucune, sauf le cas d'empêchement, ne passera plus de quinze jours sans se confesser.

II.

Ordre des confessions. Les religieuses se confesseront à leur rang ou dans un ordre réglé par la prieure.

III.

Sentiments de foi. Les religieuses s'approcheront toujours du sacré tribunal avec esprit de foi : elles y chercheront bien moins de stériles consolations, que le pardon de leurs fautes et la force spirituelle qui résulte de l'absolution. Elles ne s'exposeront point à faire des confessions stériles, par défaut des dispositions saintes que le Sacrement exige.

IV.

Discrétion concernant la confession. Les religieuses, dans leurs conversations, ne s'entretiendront ni de confessions, ni de confesseurs; et s'il se rencontrait des circonstances où elles dussent en parler, elles ne le feraient qu'avec beaucoup de réserve et un grand esprit de religion.

V.

Confiance et docilité. Elles n'oublieront pas que le Prêtre au sacré tribunal représente Jésus-Christ même ; aussi elles lui ouvriront leur cœur avec simplicité et confiance ; et après avoir exposé au confesseur les besoins et les misères de leur âme, elles recevront ses avis et ses décisions comme venant du Ciel.

VI.

Confesseur extraordinaire. Quatre fois par an, vers l'époque des quatre-temps, un confesseur extraordinaire viendra pour entendre les confessions des religieuses. Toutes sans exception se présenteront alors au sacré tribunal, soit pour se confesser (ce qui est préférable), soit du moins pour demander la bénédiction.

CHAPITRE XVII.

Communion.

I.

Amour de la sainte communion. Les religieuses regarderont comme leur plus grand bonheur ici-bas, de pouvoir s'unir souvent à Notre-Seigneur Jésus-Christ par la sainte communion. Elles se rappelleront volontiers ces paroles du bon Maître : *Celui qui mange ma chair et boit mon sang demeure en moi, et moi en lui.*

II.

Jours de communion. Certains jours sont spécialement désignés aux religieuses de ce monastère, comme jours de communion : à ces jours aucune religieuse ne s'éloignera de la sainte table sans une raison particulière. Ces jours de communion sont : tous les dimanches de l'année, la fête de l'Immaculée Conception, le jour de Noël et les deux jours suivants, le jour de la Circoncision, le jour de l'Epiphanie, la fête de la Purification, la fête de saint Gabriel, la fête de saint Joseph, la fête de l'Annonciation, le jeudi saint, le lundi de Pâques, la fête de saint Marc, le jour de l'Ascension, le premier et le dernier jour du mois de mai, le lundi de la Pentecôte, le jour du Saint-Sacrement, la fête de saint Jean-Baptiste, la fête des saints Apôtres Pierre et Paul, la fête de la Visitation, la fête de N.-D. du

Mont-Carmel, la fête de sainte Marie-Magdeleine, la fête de sainte Anne, la fête de la Transfiguration, la fête de saint Laurent, la fête de l'Assomption, la fête de saint Bernard, le dernier jour de la grande retraite, le jour de la Nativité de la sainte Vierge, la fête de saint Michel Archange, la fête des saints Anges gardiens, la fête de saint Raphaël, le jour de la Toussaint, le jour de la Commémoration des morts, la fête de la Présentation.

III.

Nombre de communions. Toutes les religieuses doivent s'efforcer de se rendre dignes de communier habituellement le dimanche et trois autres jours dans la semaine. Ces quatre communions par semaine sont appelées *communions de règle.* Les religieuses sont louables, pourvu toutefois que le confesseur les en trouve dignes et les y autorise, d'ajouter aux communions de règle, une ou deux communions chaque semaine ; mais quand elles obtiennent au sacré tribunal la permission d'ajouter habituellement ces communions, elles doivent prévenir la prieure de la faveur qui leur est accordée. Il est d'usage que les religieuses ne communient pas plus de six fois par semaine ; c'est pourquoi toutes s'abstiennent au moins un jour chaque semaine de la sainte communion. Cet usage a pour but de réveiller les âmes et d'empêcher la routine.

IV.

Retranchement de la sainte communion. Le retranchement de la sainte communion sera regardé comme une privation grave. Le confesseur, selon les règles théologiques, impose cette privation toutes les fois et pour autant de jours qu'il le juge nécessaire. La prieure peut imposer, en forme de réparation particulière, la privation d'une ou deux communions, à toute religieuse qui commet extérieurement un manquement notable ou qui retombe dans un défaut qu'il est urgent de réprimer. La prieure peut encore exiger qu'une religieuse qui communie plus de quatre fois la semaine et dont la conduite extérieure semble peu digne de la communion très-fréquente, se borne pendant un mois aux communions dites de règle. Quant aux religieuses, aucune ne doit d'elle-même, hors le cas d'un empêchement réel et contre l'intention du confesseur, s'éloigner de la sainte table, ni retrancher une seule des communions qui lui ont été permises.

V.

Dispositions. Les religieuses éviteront avec grand soin de s'approcher de la sainte table par routine ; elles tâcheront d'apporter à chaque communion tous les sentiments de foi et de piété qu'elles voudraient avoir, si c'était la dernière communion de leur vie.

VI.

Prévenir la prieure. Lorsque le confesseur prive une religieuse de la sainte communion ou lui permet de s'abstenir de communier, cette religieuse n'est pas obligée de prévenir la prieure de son absence de la sainte table ; mais lorsqu'une religieuse s'éloigne de son propre mouvement, plus de deux fois en une semaine, de la sainte communion qu'elle devait faire, elle est obligée d'en avertir la prieure, ou la directrice des novices si elle est encore du noviciat.

VII.

Communion spirituelle. Il est réglé dans la communauté que chaque religieuse fera, au moins trois fois par jour, la communion spirituelle. Chacune choisira, pour accomplir cette pratique de piété, les moments les plus opportuns de la journée. Toutes attacheront une juste importance à ce saint exercice, et s'efforceront d'en retirer des fruits de salut. Il suffira, pour chaque communion spirituelle, d'un acte de foi et d'amour à J.-C. présent au très-saint Sacrement de l'autel, ou de quelque autre prière également courte et simple, ou de quelques aspirations convenables.

CHAPITRE XVIII.

Aveu en particulier des manquements extérieurs. — Chapitre des coulpes. — Proclamation. — Réprimande en public.

I.

Aveu en particulier. Les religieuses conserveront la très-louable habitude d'aller faire *en particulier* à la prieure, ou à la maîtresse des novices lorsqu'elles sont encore du noviciat, l'aveu sincère de tout manquement extérieur *un peu notable*, qu'elles auront pu commettre. Lors donc qu'une religieuse sentira qu'elle a manqué, elle s'empressera de chercher le repos intérieur, en faisant en particulier l'humble aveu de sa faute, et en demandant elle-même la correction. Aucune ne perdra de vue que l'humble aveu d'une faute soulage le cœur, que la correction fortifie l'âme et que les sages conseils raniment la bonne volonté.

II.

Chapitre des coulpes. Le pieux et indispensable usage de faire, *en présence de la communauté réunie*[1], l'aveu des manquements extérieurs, sera maintenu dans la communauté sous le titre de *chapitre des coulpes*. Toutes les religieuses diront leurs coulpes au chapitre une fois par mois. Elles attacheront une juste importance à cet exercice; elles se feront un devoir d'y avouer leurs manquements extérieurs avec humilité, et elles se disposeront à recevoir de bon cœur la correction. La prieure ne se bornera pas à entendre l'aveu des manquements, mais elle adressera à toutes ou à quelques-unes, selon sa prudence, des avis ou des réprimandes salutaires, et elle imposera, si elle le croit avantageux, quelque pénitence en réparation. Les religieuses présentes tâcheront de profiter des observations adressées aux consœurs qui s'accusent. L'aveu fait en particulier à la prieure ou à la directrice du noviciat, n'empêche pas un nouvel aveu public au chapitre des coulpes, à moins que la prieure ou la directrice n'indique le contraire.

[1] En totalité ou en partie.

III.

Proclamation au chapitre. La prieure pourra, lorsqu'elle le croira prudent et vraiment utile, accorder à quelques religieuses l'avantage d'être *proclamées* au chapitre, sur leurs manquements extérieurs. Les religieuses désignées par la prieure pour proclamer une consœur, feront connaître avec candeur, ingénuité et profonde charité, les manquements extérieurs qu'elles auront vu commettre par ladite consœur, ou les défauts extérieurs qu'elles lui connaissent, et chaque religieuse proclamée conservera une juste et sincère reconnaissance envers les consœurs qui lui auront rendu ce précieux service.

IV.

Réprimande en public. Lorsque la prieure le trouvera utile, elle n'attendra pas le prochain chapitre des coulpes, pour rappeler publiquement au devoir une religieuse qui aurait manqué extérieurement d'une manière notable, soit à la règle, soit à l'obéissance, soit à la charité, soit à quelque autre vertu ; et afin de rendre la correction plus efficace, elle imposera ordinairement à la religieuse une réparation extérieure, par exemple, de faire des excuses à voix haute au réfectoire, de prendre un repas à genoux, de se prosterner pendant la prière, ou autres choses également propres à inspirer la vigilance aux religieuses et à les maintenir dans l'esprit religieux.

V.

Secret commandé. A moins qu'il ne s'agisse d'un simple mot d'édification ou d'avertissement entre consœurs, le silence le plus absolu doit être gardé sur tout ce qui se passe au chapitre des coulpes et à la proclamation au chapitre. Le même silence doit être gardé concernant les réprimandes adressées et les pénitences imposées par la prieure ou par la maîtresse des novices, peu importe dans quelles réunions. A cet égard, les religieuses s'appliqueront utilement cette sentence du pieux auteur de l'Imitation : *Je ne me suis jamais repenti de m'être tû, mais je me suis fort souvent repenti d'avoir trop parlé.*

CHAPITRE XIX.

Retraite annuelle. — Jours de recueillement. — Epoques de renouvellement. — Confession spéciale en Carême. — Avertissement général.

1.

Retraite annuelle. Tous les ans, à la fin du mois d'août, il y aura pour les religieuses une retraite de huit jours. Pendant ces jours de salut, toutes s'appliqueront sérieusement à connaître l'état de leur âme devant Dieu, à réparer leurs pertes spirituelles, à renouveler en elles l'esprit de foi et de ferveur, à ranimer leur zèle et leur courage pour l'accomplissement de tous les devoirs, et à se fortifier dans la pratique de toutes les vertus de leur état. Pour parvenir à un renouvellement plus complet, chacune demandera, soit pendant la retraite, soit quelques jours avant, soit quelques jours après, la permission de faire une confession de toutes les fautes commises depuis la dernière retraite ou depuis Pâques. Celles qui obtiendront cette permission, se prépareront avec foi, puis se confesseront brièvement, sans agitation et sans scrupule.

II.

Jours de recueillement. Six fois par an, aux époques fixées dans le coutumier, les religieuses feront un jour de retraite dit *jour de recueillement.* Cette petite retraite commencera un samedi, ou une veille de fête au soir et se terminera le surlendemain après la messe conventuelle. Les religieuses emploieront ce temps à réfléchir sur l'état de leur âme, à ranimer leur ferveur et à se renouveler dans le Seigneur.

III.

Epoques de renouvellement. Les religieuses profiteront également de l'octave de Noël, des trois jours des prières de quarante heures, des trois derniers jours de la semaine de l'octave du très-saint Sacrement, pour se ranimer et se fortifier dans l'esprit de leur vocation et dans la pratique des vertus qu'elle demande.

IV.

Confession spéciale. Pendant le carême ou vers pâques, chaque religieuse qui en obtient la permission du père spirituel, fait une revue des fautes commises depuis la retraite.

V.

Avertissement général. Deux fois par an, savoir : le dimanche de la sainte Trinité et le premier dimanche de l'avent, la prieure donne un avertissement général à la communauté. A cet effet, dans les huit jours qui précèdent ces deux dimanches, toutes les mères professes remettent à la prieure un billet secret, et chacune signale dans son billet quelques manquements particuliers commis par une ou plusieurs religieuses, qu'elle ne nomme pas, et quelques défauts ou abus qu'elle croit tendre à se *généraliser* dans le monastère : la prieure prend connaissance des indications fournies par les religieuses, et aux jours indiqués ci-dessus, elle donne, à la communauté assemblée en chapitre, les avertissements qu'elle juge les plus utiles. Chaque religieuse, selon le besoin de son âme, prend pieusement sa part dans ces avertissements et songe à se corriger.

CHAPITRE XX.

Correspondances.

I.

Permission d'écrire. Sauf les deux cas exceptionnels exprimés dans l'article VII, aucune religieuse n'écrira au-dehors sans une permission expresse de la prieure. Cette défense, si utile au bon ordre, sera considérée dans la communauté comme rigoureuse.

II.

Sage réserve. La prieure dirigera avec prudence et charité les correspondances des religieuses, permettant toute correspondance utile et convenable, et s'opposant à toute correspondance dangereuse ou superflue.

III.

Permission générale. Lorsqu'une officière aura reçu de la prieure la permission générale d'écrire au-dehors pour les besoins ordinaires de sa charge, elle devra user de cette permission avec discrétion et réserve, se bornant à écrire uniquement pour l'utilité, et demandant une permission spéciale toutes les fois qu'il s'agira d'une chose que la prieure n'a pas eu l'intention d'autoriser.

IV.

Examen des lettres. Sauf les cas exceptionnels exprimés dans l'article VII, aucune lettre, quoique écrite avec permission, ne sortira du monastère sans avoir été remise préalablement à la prieure, qui en prendra connaissance si elle le trouve utile. Également toutes les lettres qui viennent du dehors seront remises.

à la prieure, qui les ouvrira et en prendra connaissance si elle le juge à propos. La prieure reste libre de supprimer toute lettre qui ne serait propre qu'à causer d'inutiles ou fâcheuses préoccupations.

V.

Directrice des novices. La directrice du noviciat pourra suppléer la prieure pour tout ce qui concerne les correspondances des postulantes et des novices.

VI.

Dans la communauté. Les religieuses doivent obtenir la permission de la prieure, pour écrire à une consœur, à une pensionnaire, ou à toute autre personne qui habite dans la maison.

VII.

Règles exceptionnelles. Les prescriptions qui précèdent admettent les deux exceptions suivantes : 1° toute religieuse peut, sans demander permission, écrire à Monseigneur l'Archevêque et à l'ecclésiastique nommé par lui supérieur de la communauté. Toutes les lettres de Monseigneur et du supérieur sont remises aux destinataires sans avoir été ouvertes. 2° Il en est de même des lettres écrites au père spirituel ou reçues de lui, lesquelles doivent être exclusivement relatives à des affaires de conscience et aussi rares que possible.

CHAPITRE XXI.

Visites.

I.

Réserve prescrite. Les religieuses, se souvenant que les épouses de Jésus ne sont jamais mieux que seules avec Dieu seul, éviteront strictement de s'attirer des visites de pure satisfaction, et elles éloigneront toute visite peu utile.

II.

Permission pour inviter. Il faut une permission de la prieure pour qu'une religieuse puisse inviter une personne du dehors à venir la visiter.

III.

Heures interdites. La prieure, à moins d'une raison particulière, n'autorisera aucune visite avant six heures du matin, ni après huit heures du soir. Également elle exigera de bonnes raisons pour permettre aux religieuses d'aller au parloir pendant les repas, pendant la récitation du saint office, ou pendant les exercices de communauté.

IV.

Époques interdites. A moins d'une raison particulière, trouvée suffisante par la prieure, les religieuses ne recevront pas de visites pendant les prières de quarante heures, ni pendant le saint temps de carême. Il faudrait une raison plus grave, pour qu'une religieuse fût autorisée à recevoir une visite pendant la semaine sainte ou pendant la grande retraite.

V.

Permission d'aller au parloir. Aucune

religieuse ne se rendra au parloir, pour une visite quelconque, sans en avoir obtenu préalablement la permission.

VI.

Intervalles indiqués. La prieure veillera à ce que les mêmes personnes, fussent-elles les plus proches parentes, ne visitent pas ordinairement les mêmes religieuses plus d'une fois par mois. De leur côté, les religieuses rappelleront, selon l'opportunité, à leurs parents et aux personnes qui les visitent, cette prescription de la règle, et elles tâcheront au besoin de leur en faire comprendre les motifs et l'utilité.

VII.

Manière d'aller au parloir. Les religieuses qui seront appelées au parloir pour une visite, auront soin d'élever d'abord leur cœur à Dieu, puis elles se rendront au parloir avec toute la diligence que prescrit l'honnêteté : elles tâcheront de montrer, pendant tout le temps que durera la visite, l'affabilité, la réserve et la charité que la religion prescrit. Elles s'attacheront surtout à parler avec discrétion et prudence, et elles s'observeront rigoureusement pour ne causer aucune mauvaise édification.

VIII.

Abréger les visites et ne pas déranger. Les religieuses ne négligeront pas d'abréger, autant que la charité et les convenances le permettront, les visites qui leur seront faites. Elles auront également l'attention de ne pas laisser déranger inutilement la prieure et leurs consœurs, ou d'empêcher au moins qu'on ne les retienne trop longtemps, lorsque les personnes venues en visite demanderont à les voir.

IX.

Offrir à manger. Lorsqu'une religieuse croira qu'il est convenable d'inviter les parents, ou les personnes qui la visitent, à prendre quelque chose, elle en demandera la permission à la prieure : la permission d'*offrir* quelque chose peut quelquefois être présumée ; mais la permission de *servir* à boire et à manger ne peut jamais l'être. Toutes les religieuses auront soin de détourner, avec douceur et convenance, leurs parents de venir trop souvent prendre quelque repas au monastère.

X.

Invitation à coucher. Toujours les religieuses demanderont l'assentiment préalable de la prieure pour inviter une personne à coucher dans la maison. Aucun homme, pas même le père d'une religieuse, ne sera admis à coucher dans le monastère ; mais la prieure pourra autoriser la mère, la sœur, une parente ou une amie d'une religieuse à loger une nuit ou deux dans le quartier des hôtes, ou même trois ou quatre nuits, s'il s'agit de personnes venues de loin.

XI.

Rencontre des étrangers. Quand une religieuse rencontrera des étrangers dans la maison, elle ne s'arrêtera point pour lier avec eux une conversation longue et inutile ; mais elle se bornera, lorsque les convenances n'exigent rien de plus, à les saluer très-honnêtement. Si les convenances exigent qu'elle cause pendant quelques minutes, elle pourra le faire sans permission préalable ; mais si elle se trouve obligée de rester pendant plus de cinq minutes, elle devra en rendre compte à la prieure.

XII.

Faire voir la maison. Les religieuses de chœur pourront, sans permission spéciale, faire voir les classes, les dortoirs et les jardins du pensionnat, ainsi que les autres dépendances du monastère, aux personnes qui viennent les visiter ; toutefois elles n'useront de cette latitude qu'avec prudence et réserve. Les sœurs coadjutrices et toutes les novices, sans exception, doivent demander pour cela une permission expresse. Quant à l'intérieur du monastère, jamais une religieuse n'y introduira, sans permission, une personne étrangère.

CHAPITRE XXII.

Sorties.

I.

Seul motif admis. Les religieuses ne sortent que dans le cas de nécessité ou de haute convenance. Toute sortie d'agrément leur est rigoureusement défendue. Les vacances ne sont tolérées pour elles sous aucun prétexte.

II.

Permission nécessaire. Jamais une religieuse ne met le pied hors du monastère sans une permission expresse.

III.

Permission donnée par la prieure. La prieure peut autoriser la sortie dans les trois cas suivants : 1° s'il fallait absolument faire accompagner par une ou deux religieuses, jusqu'à la maison paternelle (ou jusqu'à un asile d'aliénées), une pensionnaire ou une autre personne gravement malade ; 2° si une religieuse était appelée auprès de son père ou de sa mère *très-dangereusement malade;* 3° si des affaires temporelles exigeaient impérieusement la présence d'une religieuse, dont la procuration ne suffirait pas, ou entraînerait de grands embarras et des frais considérables.

IV.

Permission d'urgence. Si, en dehors des trois cas précités, une circonstance *très-grave* et qui ne souffrirait aucun délai, rendait une courte sortie indispensable, la prieure, n'ayant pas le temps de recourir à Monseigneur, demanderait l'avis de son conseil et pourrait permettre la sortie que la Providence semblerait alors exiger.

V.

Permission donnée par Monseigneur l'Archevêque. A l'exception des cas qui viennent d'être indiqués, le droit d'autoriser les sorties est réservé à Monseigneur.

VI.

Courte absence. La permission de sortir

ne sera accordée que pour le temps strictement exigé par les circonstances.

VII.

Compagne de voyage. Toute religieuse qui sortira, même pour quelques heures, sera accompagnée d'une consœur désignée par la prieure.

VIII.

Départ. La religieuse qui doit sortir se rendra, avant son départ, à la chapelle pour invoquer le secours de Dieu, et se présentera à la prieure pour demander ses conseils et ses ordres, et recevoir ce qui pourrait être nécessaire pour la route.

IX.

Conduite pendant l'absence. La religieuse sortie évitera avec grand soin de s'écarter en quoi que ce soit de la piété, de la gravité et de la modestie qui conviennent à son état.

X.

Visites pendant l'absence. La prieure n'autorisera que les visites qui seront nécessaires ou exigées par de strictes convenances; si une raison grave et imprévue obligeait la religieuse sortie à faire des visites qui n'eussent pas été spécialement autorisées, elle en rendrait compte à la prieure.

XI.

Retour. A moins d'une circonstance imprévue et grave qui l'autoriserait évidemment à présumer la permission d'une prolongation d'absence, la religieuse sortie rentrera exactement au temps fixé par la prieure. A sa rentrée, elle se présentera à la prieure, pour lui annoncer son retour, et lui rendre compte, s'il y a lieu. Elle ira ensuite à la chapelle faire un acte d'adoration, de remercîment et d'amour à N.-S. J.-C.; puis elle reprendra avec simplicité ses exercices ordinaires. Elle se gardera bien de se répandre en paroles et en récits superflus sur ce qu'elle a pu voir et entendre pendant son absence.

XII.

Novices. Les novices sont soumises à

tout ce qui est prescrit et réglé dans les articles qui précèdent. Il est indispensable qu'elles s'habituent à l'éloignement du monde et à l'amour de la vie cachée en Dieu avec Jésus-Christ.

XIII.

Explication particulière. Par sorties, on entend ici sortir du monastère ou de ses dépendances, pour aller dans un lieu qui ne peut, sous aucun rapport, être considéré comme faisant partie de la maison, ni comme devant être visité par une officière pour l'accomplissement de sa charge.

XIV.

Bon esprit. Les religieuses nourriront toutes dans leur cœur l'amour de la retraite et du recueillement. Elles n'oublieront jamais ces paroles de leur glorieux Père : *Si vous êtes une vierge folle, vous avez besoin de votre cloître ; et si vous êtes une vierge sage, votre cloître a besoin de vous.*

CHAPITRE XXIII.

Emplois.

I.

Sagesse et fermeté. La prieure ne se laissera jamais influencer par aucune considération humaine, ni par aucune affection particulière, dans la distribution des emplois. Elle ménagera autant que possible la faiblesse de ses filles, et elle tiendra même compte, jusqu'à un certain point, de leurs répugnances; mais elle ne consultera les désirs ni les prétentions de personne, et elle aura pour devise : *Le bien de la communauté avant tout.*

II.

Avis du conseil. La prieure demandera l'avis de son conseil pour la nomination de la directrice des novices, de la dame économe, de la directrice du vestiaire, de la maîtresse des œuvres, des principales maîtresses des pensionnaires, de la directrice de l'école gratuite, de la religieuse chargée de recevoir les étrangers, de la dame infirmière et des directrices des succursales.

III.

Époque désignée. Chaque année, après la retraite du mois d'août, la prieure organise les emplois : à cet effet, elle assemble toutes les religieuses au chapitre, et elle désigne l'emploi de chacune, maintenant les unes dans les mêmes fonctions, et assignant aux autres des fonctions nouvelles, selon ce qu'elle juge être plus utile devant Dieu. Du reste, à toute époque de l'année, elle peut faire, dans les emplois, tous les changements et modifications qu'elle juge nécessaires ou utiles, après avoir pris, s'il y a lieu, l'avis de son conseil.

IV.

Surveillance de la prieure. La prieure ne se bornera pas à distribuer les emplois, mais elle exercera sur les religieuses à qui elle les confie, une maternelle surveillance, excitant leur zèle et les dirigeant dans l'intérêt du bien.

V.

Sainte indifférence des religieuses. Chaque religieuse regardera comme un devoir de se tenir dans une sainte indifférence à l'égard des emplois, de ne s'attacher à aucun en particulier, de n'avoir aucune préférence arrêtée pour une occupation quelconque, et d'être toujours disposée à changer d'emploi sans délai, dès que l'obéissance le demandera.

VI.

Soumission des religieuses. Toutes les religieuses s'abstiendront rigoureusement de témoigner de la mauvaise volonté ou un éloignement opiniâtre, lorsqu'on leur imposera un devoir, lorsqu'on les chargera d'une besogne, lorsqu'on les nommera à un emploi quelconque : chacune se fera une loi stricte d'accepter avec générosité, dévouement et abandon, le travail assigné, disant toujours, malgré la répugnance de la nature : *Me voici, ô mon Dieu, pour accomplir votre volonté.* Une humble et douce représentation est permise, mais l'ombre même de la résistance est rigousement défendue.

VII.

Estime pour les emplois. Les religieuses se souviendront que tous les emplois sont également dignes de leur estime, et qu'ils sont absolument égaux aux yeux de la foi, puisqu'ils procurent tous, au même degré, l'avantage de faire la volonté de Dieu. Elles regarderont comme le meilleur et le plus relevé, celui qui est rempli avec le plus d'humilité, d'exactitude et de pureté d'intention.

VIII.

Zèle et activité. Les religieuses se feront une loi de se livrer à leurs occupations avec courage et bonne volonté; elles s'efforceront d'être toujours actives et zélées dans leur travail; jamais elles ne se montreront négligentes, ni surtout insouciantes dans les emplois dont elles sont chargées.

IX.

Prudence et dextérité. Les religieuses apporteront tous leurs soins, toute leur attention et toute leur vigilance, pour s'acquitter de leurs différents devoirs avec prudence et dextérité. Chacune s'efforcera d'éviter, dans son emploi, les contredits, les erreurs et les inconvénients qui peuvent nuire au bien général, et aucune dans ses fonctions ne s'écartera de la délicate et prudente discrétion, qui est si louable devant Dieu.

X.

Humble docilité. Les religieuses se feront un devoir de suivre, dans leurs emplois, les intentions de la prieure, ou des personnes chargées de commander en son nom; elles éviteront toute suffisance, elles demanderont au besoin de sages conseils pour mieux s'acquitter de leurs fonctions, et surtout elles supplieront le Seigneur de les aider de sa force et de sa lumière.

XI.

Dévouement. Les religieuses s'oublieront

elles-mêmes dans l'accomplissement de leurs devoirs, et elles braveront, s'il le faut, avec courage, l'ennui, la fatigue et l'humiliation, afin de remplir l'œuvre de Dieu d'une manière avantageuse, complète et surtout méritoire.

XII.

Ne pas se mêler des emplois des autres. Il est interdit à chaque religieuse de se mêler indiscrètement de l'emploi de sa consœur : aucune n'interviendra sans mission dans le travail qui est confié aux autres. Chacune se bornera à remplir le mieux possible, avec la grâce de l'obéissance, son travail propre et ses devoirs personnels. Toutes néanmoins peuvent et doivent, selon le besoin et autant que le bon ordre et la prudence le permettent, s'aider mutuellement pour le meilleur accomplissement de leurs devoirs.

XIII.

Petite hiérarchie. On conserve dans les emplois la petite hiérarchie consacrée par l'usage et désignée par les titres d'officières, de sous-officières et d'aides. D'après cet ordre, quand plusieurs religieuses se trouvent ensemble dans le même emploi, elles restent soumises les unes aux autres; les aides obéissant aux officières et aux sous-officières, s'il y en a, et les sous-officières se conformant aux décisions des officières. Le recours à la prieure est de droit pour toutes, s'il y a gêne dans des choses de quelque importance.

XIV.

Soin des objets. Les religieuses doivent avoir, dans leurs emplois respectifs, une vigilance exacte sur tous les objets confiés à leur garde ou mis à leur disposition.

CHAPITRE XXIV.

Cellules des religieuses.

I.

Cellules séparées. Autant que possible, la prieure assignera une cellule particulière à chaque religieuse de chœur. Sauf le cas d'une véritable nécessité, on ne placera pas deux lits dans une même cellule.

II.

Cellules des dortoirs. Les religieuses coadjutrices, et, s'il y a nécessité, une partie des religieuses de chœur coucheront dans des dortoirs; mais le lit de chaque religieuse sera entouré de cloisons et de rideaux disposés de manière à former de petites cellules séparées, qu'on appellera *cellules des dortoirs.*

III.

Novices et postulantes. Les novices et les postulantes dames coucheront dans un dortoir particulier divisé en petites cellules; une religieuse de chœur, désignée par la prieure, couchera dans ce dortoir comme présidente. Les novices et les postulantes coadjutrices coucheront dans un autre dortoir également divisé en petites cellules; une religieuse de chœur ou une sœur coadjutrice couchera dans ce dortoir comme présidente.

IV.

Simplicité et pauvreté. Toutes les cellules sans exception devront rappeler, par leur simplicité, la pauvreté religieuse. Aucune cellule ne sera tapissée; mais toutes seront exactement blanchies, pour rappeler aux religieuses qui les habiteront que l'innocence y doit toujours régner. L'ameublement se bornera au strict nécessaire, et n'excèdera jamais ce qui a été fixé par l'usage déjà ancien.

V.

Propreté des cellules. Chaque religieuse entretiendra sa cellule dans une grande propreté, et y tiendra tout dans un ordre exact. Elle aura soin de l'aérer souvent pour la salubrité. La prieure ne tolèrera dans les cellules ni pots à fleurs, ni oiseaux en cage, ni autres objets de ce genre.

VI.

Solitude. Toute cellule étant spécialement pour la religieuse à qui elle est assignée, un lieu de sainte solitude et de pieux recueillement, aucune autre personne, hors le cas de nécessité, ne se permettra d'y entrer, sans une autorisation expresse de la prieure.

VII.

Silence. Le silence est strictement prescrit dans toutes les cellules particulières et dans toutes celles des dortoirs, sans aucune exception. Chaque religieuse évitera de faire du bruit dans sa cellule; aucune n'y lira à voix haute. Lorsqu'une religieuse aura besoin de parler à une consœur qui se trouvera dans sa cellule, elle frappera à la porte, et sans entrer elle dira, brièvement et à voix basse, ce qu'elle devra communiquer, puis elle se retirera sans délai.

VIII.

Défense spéciale. Il est rigoureusement défendu à toute religieuse de conserver, dans sa cellule, quelque chose à boire ou à manger. La prieure, à moins d'une raison particulière et grave [1], n'accordera à

---

[1] Une indisposition momentanée est une raison suffisante.

aucune la permission de manger dans sa cellule.

IX.

Disposition à quitter sa cellule. Les religieuses auront soin de toujours se tenir disposées à quitter leurs cellules ; au premier signe de la volonté de la prieure, toute religieuse ira, sans délai et sans murmure, occuper la nouvelle cellule qui pourra lui être assignée.

X.

Prière à réciter. Lorsqu'une religieuse entrera, d'après l'ordre de la prieure, dans une nouvelle cellule, elle récitera à genoux la prière suivante : *Nous vous supplions, Seigneur, de visiter cette demeure et d'en éloigner tous les piéges de l'ennemi ; que vos saints anges habitent dans ce lieu pour nous y conserver en paix, et que votre bénédiction descende sur nous à jamais : nous vous le demandons par J.-C. N. S. Ainsi soit-il.*

CHAPITRE XXV.

Union entre les religieuses. — Amitiés particulières.

I.

Nécessité de l'union. Quoique l'union que Dieu commande et qui doit régner parmi les religieuses, ne soit pas l'objet d'un vœu spécial, néanmoins on regardera, dans cette communauté, la pratique de l'union mutuelle comme aussi indispensable que si elle était rendue obligatoire par un vœu formel.

II.

Concours de toutes. Les religieuses comprendront que cette union, sans laquelle une maison ne peut être bénie de Dieu ni long-temps subsister, exige le concours de toutes, et que par conséquent chacune doit travailler généreusement et en s'oubliant elle-même, à maintenir dans la communauté la paix, la concorde et une cordiale intimité. Chacune évitera donc avec le plus grand soin et au prix de tous les sacrifices, d'être pour qui que ce soit dans la communauté une cause de trouble, de peine et de froideur. Toutes auront en horreur l'esprit de parti, et chacune se gardera à jamais de faire naître ou d'alimenter la moindre division dans le monastère.

III.

Indulgence réciproque. Afin d'entretenir parmi elles une union constante, les religieuses useront les unes envers les autres, comme le Sauveur le prescrit, d'une grande indulgence, *portant de bon cœur les fardeaux les unes des autres*, et ne gardant jamais aucun souvenir de leurs torts réciproques.

IV.

Estime mutuelle. Elles s'abstiendront rigoureusement de se critiquer les unes les autres, de se supposer de mauvaises intentions, de relever les défauts qu'elles croiront voir dans leurs consœurs, et choses semblables ; mais suivant la recommandation de l'Apôtre, *elles se préviendront mutuellement par des marques de déférence*, et chacune placera les autres au-dessus d'elle-même dans son estime.

V.

Réparations. Elles feront toujours humblement, cordialement et sans délai, réparation auprès d'une consœur qu'elles auraient contristée, par une parole trop vive, par une réponse sèche, par un air froid ou par le refus d'un service, ou à qui elles auraient causé quelque dérangement pénible, occasionné quelque désagrément. En ces cas et autres semblables, toutes s'empresseront de resserrer les liens de l'union mutuelle, en adressant à leurs consœurs de prévenantes excuses, quand même il n'y aurait pas lieu à une réconciliation proprement dite.

VI.

Réconciliation. Si jamais, ce qu'à Dieu ne plaise, une véritable réconciliation était nécessaire, elle ne se ferait jamais attendre *jusqu'au lendemain*, et même, pour l'opérer le plus tôt possible, aucune n'hésiterait, sous prétexte qu'elle serait plus ancienne ou que les premiers torts n'auraient pas été de son côté, à faire les premières avances. Jamais une religieuse ne refusera la réconciliation plénière et le baiser de paix que pourra demander sa consœur.

VII.

Intervention. Si deux consœurs s'oubliaient au point de contester avec chaleur, la règle autorise toute religieuse ancienne, présente au débat, à faire cesser la contestation, soit en leur imposant silence avec une sage fermeté, soit en exigeant qu'elles se séparent. Si la prieure ou à son défaut la sous-prieure est présente, elle imposera à toutes deux une pénitence convenable.

VIII.

Paix avec les personnes du dehors. Afin que la charité pratique soit plénière et comme à l'abri de toute atteinte dans la communauté, les religieuses s'habitueront à montrer toujours beaucoup de bienveillance et de charité pour les personnes du dehors, et la communauté s'appliquera à se tenir le plus possible en paix avec tout le monde.

IX.

Amitiés particulières. Autant les religieuses doivent s'attacher à l'union mutuelle et s'efforcer d'entretenir entre elles toutes une affection inaltérable, autant elles doivent craindre et repousser les amitiés particulières, qui sont la peste des communautés, attirent la malédiction de Dieu et conduisent les âmes à leur perte. La prieure, et la directrice des novices en ce qui la concerne, s'opposeront soigneusement à ces sortes d'amitiés et les briseront sans ménagement. Chaque religieuse s'en garantira avec une extrême vigilance, et toutes s'opposeront, autant qu'il dépendra d'elles, à ce qu'un pareil mal s'introduise dans la communauté.

CHAPITRE XXVI.

Humilité. — Saint renoncement.

I.

Nécessité de l'humilité. Les religieuses n'oublieront jamais que l'humilité est non-seulement la plus nécessaire des vertus, mais encore le fondement de toutes les autres vertus. Elles se rappelleront souvent que l'âme vraiment humble attire seule sur elle les grâces de Dieu, et que sans l'humilité il est absolument impossible de faire aucun progrès dans la voie de la perfection. *Dieu*, dit l'Esprit-Saint, *regarde de loin les superbes et donne sa grâce aux humbles.*

II.

Humilité réelle. Toutes s'efforceront donc d'acquérir cette précieuse vertu, de l'établir et de l'affermir au fond de leurs cœurs, non pas en vains désirs et en stérile spéculation, mais d'une manière vraie, solide et pratique.

III.

Vigilance constante. Elles ne perdront jamais de vue que l'humilité, si indispensable au salut, diminue facilement et fait bientôt place à l'orgueil, lorsqu'on cesse de renouveler souvent la résolution sincère d'être humble à tout prix, moyennant le secours de la grâce, et surtout lorsqu'au lieu de repousser énergiquement les tentations de vanité, on accorde quelque trêve à l'amour-propre, qui tend sans cesse à se réveiller.

IV.

Recommandation spéciale. Les religieuses seront bien convaincues que le Seigneur ne répandra ses grâces et ses bénédictions sur la maison, qu'à proportion de la fidélité avec laquelle elles rapporteront à Dieu seul la gloire de tout le bien qui pourra s'opérer par la communauté.

V.

Saint renoncement. Les religieuses regarderont le saint renoncement, qui naît de l'humilité et qui affermit cette vertu, comme d'une nécessité également indispensable. Elles comprendront que la perfection religieuse, exigeant essentiellement la mort à soi-même et à toute volonté propre, le renoncement évangélique est, pour les épouses de Jésus, la base et la condition première de toute perfection. Chacune se fera donc un devoir de le pratiquer, accomplissant avec foi cette sentence du Sauveur : *Si quelqu'un veut marcher à ma suite, qu'il se renonce soi-même, qu'il se charge de sa croix et qu'il me suive.*

CHAPITRE XXVII.

Austérités et pénitences corporelles.

I.

Estime nécessaire. Les religieuses penseront avec estime et admiration aux austérités, aux pénitences et aux rigoureuses privations que les anciennes communautés pratiquaient, et elles regretteront de ne pouvoir imiter de si édifiants exemples.

II.

Obstacles reconnus. Elles accepteront, néanmoins, avec simplicité, comme étant pour elles dans l'ordre de la Providence, les adoucissements que la faiblesse des santés, les travaux des classes et d'autres raisons sagement pesées, ont forcé d'admettre dans la règle actuelle de la communauté.

III.

Compensation. Elles s'efforceront de compenser par un entier dévouement au bien, par un grand zèle au travail et par une plus parfaite obéissance, les austérités qui ne sont point praticables pour elles.

IV.

Pénitence du cœur. Elles s'appliqueront également à remplacer les pénitences du corps, par la pénitence du cœur, c'est-à-dire par cet esprit d'humilité et de componction, par ce véritable regret des péchés qui touche le cœur de Dieu et attire ses miséricordes.

V.

Pénitences providentielles. Toutes chercheront encore à compenser les austérités corporelles en profitant, avec une pieuse résignation, des croix, des souffrances et des peines que le Seigneur daignera leur envoyer pour l'expiation de leurs fautes et pour leur avancement dans la vertu. Ces pénitences que Dieu choisit pour nous et qu'il nous impose lui-même, méritent d'être appelées *pénitences providentielles*, et aucune religieuse n'oubliera combien elles peuvent être méritoires pour le Ciel.

VI.

Petites mortifications. Toutes enfin, au lieu de se livrer à l'amour de leurs aises et aux recherches de la vie délicate et commode, auront soin de pratiquer souvent et d'offrir à Dieu, en expiation de leurs fautes, certains petits actes de mortification qui crucifient la nature, sans altérer les forces du corps, forces qu'il est indispensable de conserver, dans cet institut, pour l'exercice des œuvres extérieures de charité.

VII.

Légères privations imposées. Elles continueront à pratiquer, comme souvenir des anciennes austérités, les trois minimes privations adoptées depuis long-temps et rappelées dans les articles suivants.

VIII.

Privation de beurre. Tous les mercredis de l'année, à l'exception des mercredis du temps pascal, les religieuses qui n'en seront pas dispensées par la prieure, se priveront de beurre au déjeuner.

IX.

Privation de tabac. Toutes les religieuses s'abstiendront, par esprit de mortification, de prendre du tabac. Il n'y aura d'exception que pour celles à qui le médecin en *prescrirait* l'usage comme remède.

X.

Privation de liqueurs. Jamais elles ne

prendront de liqueurs : ce breuvage de pure sensualité ne saurait convenir dans ce monastère.

XI.

Instruments de pénitence. On continuera d'user de quelques instruments de pénitence propres à humilier et à punir la chair, sans nuire à la santé. Les religieuses seront très-louables de montrer un pieux empressement pour obtenir ces instruments destinés au châtiment de soi-même, mais aucune n'en fera usage sans l'assentiment du père spirituel et l'autorisation de la prieure. Aucune ne s'obstinera imprudemment à vouloir les obtenir contre le gré des supérieurs, se souvenant que *l'obéissance l'emporte sur le sacrifice*, et qu'en renonçant *par soumission* à un acte de pénitence désiré, on obtient devant Dieu le même mérite que si on l'avait accompli.

CHAPITRE XXVIII.

Sentiments et pratiques de foi spécialement recommandés.

I.

Vie intérieure. Les religieuses s'attacheront à la pratique du recueillement et de la vie intérieure, sans laquelle l'âme reste vide de toute vertu solide. Elles éviteront la dissipation de l'esprit et du cœur, et se garderont des pensées vaines et frivoles qui entraînent si souvent loin de Dieu; néanmoins si le recueillement doit être profond, et si dans l'extérieur tout doit être grave et édifiant, on évitera soigneusement une austérité sombre et repoussante, et chaque religieuse se souviendra qu'une aménité modeste dans le ton et les manières fait partie de la charité qu'on doit au prochain.

II.

Piété. Le monastère sera une maison

de prière. La piété en doit être l'âme : les religieuses se porteront vers Dieu sans exaltation et sans contention d'esprit, mais aussi avec une bonne volonté constante. Elles s'habitueront à consacrer à la prière leurs moments libres, et elles feront en sorte que cette communauté puisse toujours être regardée comme une communauté fervente.

III.

Dévotion au Sacré-Cœur. Les religieuses ne laisseront jamais refroidir en elles la dévotion au sacré Cœur de Jésus. Elles aimeront à recourir à ce divin Cœur, que l'Eglise appelle *le trône de la miséricorde* : elles lui demanderont spécialement le don de la ferveur ; elles s'efforceront surtout de l'honorer en pratiquant les deux vertus dont il est déclaré le modèle : *Apprenez de moi que je suis doux et humble de cœur.*

IV.

Dévotion aux saints Anges. La pratique de prier et d'honorer les bons Anges sera maintenue dans la communauté. Les maîtresses devant être les anges gardiens visibles des élèves, il est juste qu'elles demandent l'assistance des anges invisibles que la bonté de Dieu envoie dans le monastère.

V.

Dévotion à saint Bernard. Les religieuses auront également une dévotion particulière envers leur glorieux père saint Bernard. Elles l'invoqueront avec confiance, elles étudieront sa vie et ses vertus, afin de marcher sur ses traces, et elles inclineront pieusement la tête lorsqu'elles prononceront ou entendront prononcer le nom de ce patron vénéré.

VI.

Attachement et dévouement à la communauté. Toutes, par esprit de foi et de religion, montreront un dévouement complet envers la communauté. Elles doivent oublier tout le reste, et surtout s'oublier elles-mêmes, lorsqu'il s'agit des intérêts du monastère et de la sainteté de la communauté.

CHAPITRE XXIX.

Soins à donner aux religieuses malades et infirmes. — Bon esprit des religieuses malades et infirmes. — Décès des religieuses.

I.

Soins dévoués. On donnera à toutes les religieuses malades et infirmes des soins affectueux et dévoués : on leur procurera généreusement, dans la mesure convenable et possible, tout ce qui pourra servir à leur soulagement et à leur guérison.

II.

Infirmeries. Il y aura des infirmeries dans lesquelles on transportera les malades, afin qu'on puisse les soigner avec plus d'ordre et de facilité. L'infirmerie des religieuses de chœur sera, autant que possible, distincte de l'infirmerie des sœurs coadjutrices. Toutefois les soins seront, dans les deux infirmeries, également attentifs et dévoués.

III.

Infirmières. Des infirmières désignées par la prieure seront spécialement chargées d'entourer les malades et les infirmes de soins zélés et vigilants, et de leur procurer, en tout ce qui sera prudent et praticable, les soulagements que réclameront leurs souffrances. On ne permettra pas aux parents de venir s'établir à l'infirmerie pour soigner une religieuse malade.

IV.

Visites du médecin. Toutes les fois que le médecin visitera une malade dans la maison, l'infirmière ou une religieuse désignée à cet effet l'accompagnera et assistera à la visite. Les prescriptions du médecin pour le traitement et le régime des malades, seront suivies avec une prudente attention.

V.

Médecins étrangers. Les religieuses seront traitées exclusivement par les médecins de la communauté, et par ceux que la prieure aurait trouvé bon d'appeler comme médecins *consultants*. Pour admettre, dans un cas particulier, un médecin *traitant* autre que ceux de la maison, la prieure devra demander l'avis de son conseil. Toutefois, s'il s'agit d'un médecin père, frère ou oncle d'une religieuse malade, la prieure pourra permettre la visite.

VI.

Bon esprit des malades. Les religieuses à qui Dieu enverra des infirmités et des souffrances, tâcheront d'être constamment douces, calmes et résignées ; elles éviteront de se montrer exigeantes ou susceptibles. Elles s'abstiendront de dire, en forme de plainte et de murmure, qu'on ne fait point assez pour elles ; elles seront reconnaissantes envers les personnes qui les soigneront ; elles prendront courageusement les remèdes qui leur seront prescrits, et elles se soumettront, pour plaire à Dieu, à tout traitement qui sera jugé nécessaire. Elles s'appliqueront à se fortifier par l'esprit de foi contre l'ennui et l'abattement auxquels exposent des souffrances et des infirmités prolongées : elles sanctifieront, autant qu'elles le pourront, le temps de leurs maladies, par de fréquentes aspirations, par de pieuses élévations de cœur vers Dieu.

VII.

Derniers sacrements. On prendra toutes les précautions possibles pour que toute religieuse qui se trouvera en danger de mort, reçoive en pleine connaissance les derniers sacrements. Les malades ne demanderont, sous aucun prétexte, que l'administration des derniers sacrements leur soit différée.

VIII.

Enterrement des religieuses. Toutes les religieuses, même celles qui n'ont prononcé que leurs premiers vœux, seront, à leur décès, enterrées au caveau [1] du monastère.

IX.

Prières pour les défuntes. Les religieuses

---

[1] Ce caveau a été autorisé, comme lieu de sépulture pour les religieuses, par le préfet du Nord.

prieront beaucoup pour leurs consœurs défuntes, afin que le Seigneur daigne leur accorder sans délai le lieu de rafraîchissement, de lumière et de paix. La prieure, autant que les ressources de la communauté le permettront, fera offrir le saint sacrifice de la messe quatre-vingt fois pour une religieuse de chœur défunte, et soixante fois pour une sœur coadjutrice.

CHAPITRE XXX.

Indications concernant la première promesse contenue dans la formule des vœux.

I.

Obligation. Les religieuses n'oublieront pas qu'en prononçant, au jour de leur profession, ces solennelles paroles : *Je promets de faire de constants efforts pour me corriger de mes défauts et pour avancer dans la vertu*, elles contractent l'obligation de travailler sincèrement à leur sanctification et de tendre constamment, sans lâcheté volontaire, à la perfection qu'exige l'état religieux.

II.

Sens précis. Cette promesse ne crée point une obligation spéciale ; mais elle renferme l'acceptation réfléchie d'une obligation que tous les théologiens regardent comme essentiellement inhérente à l'état religieux, et par suite de laquelle une religieuse pourrait se rendre très-coupable devant Dieu, par cela seul qu'elle ne ferait point d'efforts pour se corriger ; qu'elle ne chercherait point à avancer dans la perfection, et que, se bornant à éviter les grandes fautes, elle mènerait volontairement une vie indolente et tiède.

III.

Accomplissement. Que jamais donc aucune religieuse ne devienne lâche et insouciante en ce qui concerne l'accomplissement de cette sainte promesse ; que jamais aucune n'oublie qu'une grande indolence à cet égard suffirait pour compromettre son salut éternel.

CHAPITRE XXXI.

Vœu de chasteté.

I.

Grandeur et sainteté du vœu. Les religieuses regarderont le vœu de chasteté comme un lien glorieux qui les unit à Dieu d'une manière intime et parfaite. Elles chercheront à apprécier la sainteté de ce vœu, en se rappelant fréquemment les paroles de l'Esprit-Saint : *Oh! qu'elle est belle la race chaste, accompagnée de l'éclat des vertus!* et cet enseignement du bon Maître : *Heureux ceux qui ont le cœur pur, parce qu'ils verront Dieu.*

II.

Obligations. Par leur vœu de chasteté, les religieuses consacrent au Seigneur leur corps, leur cœur et leur esprit, s'obligeant : 1° à se maintenir, sous tous les rapports, dans une exacte pureté ; 2° à éviter, sous peine de sacrilège, toute faute volontaire contre la sainte vertu ; 3° à fermer leur cœur à tout attachement charnel, ayant choisi Jésus-Christ pour leur unique Époux.

III.

Précautions générales. Elles auront en conséquence une sainte horreur de tout ce qui pourrait ternir leur innocence, et elles prendront de sages précautions pour éviter les occasions et l'apparence même du mal ; elles réduiront leur corps en servitude, et elles mettront souvent leur faiblesse sous la protection de l'auguste Reine des Vierges.

IV.

Précautions particulières. Elles ne se contenteront pas de repousser les pensées coupables ; elles éviteront celles qui seraient imprudentes et qui pourraient amollir leur cœur. Elles s'astreindront à une sage réserve dans leurs paroles, dans leurs regards et dans leur maintien, afin que tout en elles, sans cesser d'exprimer la douceur et la charité, représente le jardin fermé dont parle l'Ecriture, et tende à affermir dans leur âme la pureté qui convient aux épouses de Jésus-Christ.

V.

Rapports entre elles. Leurs rapports entre elles seront affectueux, comme il convient entre des sœurs qui s'aiment; mais ils ne cesseront jamais d'être pieusement réservés, comme il convient entre des vierges consacrées à Dieu.

VI.

Rapports avec les étrangers. Leurs rapports avec les personnes du dehors seront pleins de bienveillance, mais *toujours très-saints*. Que leurs frères et leurs cousins, que leurs sœurs et leurs cousines elles-mêmes, soient édifiés, en voyant leur retenue toute virginale et leur parfaite modestie.

VII.

Sévérité étant seule. Chaque religieuse conservera dans sa cellule et partout ailleurs où elle se trouvera seule, l'édifiante réserve de maintien et d'action que doit lui inspirer le regard de Dieu et la présence de son bon ange.

VIII.

Affections. Elles tâcheront de n'avoir envers qui que ce soit, que des affections entièrement pures et vraiment dignes du cœur de Jésus et du cœur de Marie.

IX.

Point de scrupules. Les religieuses n'oublieront pas du reste que si le vœu de chasteté exige une sévère vigilance, il est loin de commander des précautions exagérées, lesquelles sont plus propres à faire naître les tentations qu'à les prévenir. Chacune d'elles évitera donc à cet égard le scrupule et la minutie, et s'en tiendra strictement, pour les tentations et les inquiétudes, aux conseils et aux décisions du confesseur.

CHAPITRE XXXII.

Vœu de pauvreté.

I.

N'avoir rien en propre dans la maison. Pour accomplir le vœu de pauvreté, les religieuses n'auront rien en propre dans le monastère ; elles accepteront à titre d'aumône ce que la prieure, par elle-même ou par les officières, mettra ou laissera à leur usage particulier. Chacune se regardera comme une fille pauvre que la sainte Vierge daigne nourrir, vêtir et loger dans sa maison. Aucune ne disposera du moindre objet sans permission ; en outre, elles n'oublieront jamais que la prieure peut, sans qu'elles aient aucun droit de se plaindre, leur retirer, en totalité ou en partie, les objets mis ou laissés à leur usage, ou remplacer ces objets par d'autres qui pourraient être de moindre qualité.

II.

Revenus des religieuses. Tous les revenus

quelconques des religieuses seront versés dans la caisse de la communauté, à qui ils appartiennent. Jamais une religieuse, pour quelque cause que ce soit, ne détournera, n'emploiera ni n'abandonnera la moindre partie de ses revenus, sans une permission expresse de la prieure. Si, par suite des besoins de sa famille ou pour une raison grave, une religieuse demandait à réduire ses revenus jusqu'au-dessous du chiffre stipulé à son entrée comme pension à payer, la prieure ne pourrait le permettre qu'avec l'assentiment de son conseil. Il faudrait l'assentiment du conseil de la communauté pour qu'une religieuse renonçât entièrement à ses revenus, ou les diminuât considérablement en aliénant une partie de son avoir.

III.

Biens de famille. Quoique les religieuses conservent, aux termes de la loi civile actuelle, la propriété des biens temporels qui leur appartenaient à l'époque de leur profession, ou qui leur surviennent plus tard par voie d'hérédité, de donation ou de disposition testamentaire ; quoiqu'elles puissent disposer validement desdits biens par vente, par échange et par donation et quoiqu'elles puissent légalement acquérir de nouveaux biens, il restera réglé, pour le bon ordre et pour l'observation de leur vœu de pauvreté, qu'elles ne feront aucune vente, aucune acquisition, aucun échange, aucune donation, aucun abandon de leurs biens temporels, sans l'avis et l'assentiment de la prieure. Elles demanderont le même avis et le même assentiment pour tout testament qu'elles voudraient faire.

IV.

Dons et présents. Il faut une permission de la prieure pour qu'une religieuse puisse donner ou accepter quoi que ce soit, en don ou présent. Tout objet reçu en cadeau sera remis entre les mains de la prieure, et il appartiendra à la communauté. Jamais une religieuse ne conservera, sans une permission expresse de la prieure, ce qui lui aura été donné en présent.

V.

Aumônes et bonnes œuvres. D'après ce qui est établi en principe dans les articles II et III ci-dessus, il faut une permission de la prieure pour qu'une religieuse puisse faire quelques aumônes, ou contribuer à quelque bonne œuvre, sur ses biens et revenus personnels; or, la même permission est requise pour qu'une religieuse puisse recevoir, de qui que ce soit, de l'argent ou toute autre chose, qu'elle désirerait employer en bonnes œuvres ou au soulagement d'une personne quelconque.

VI.

Prêts et emprunts. Une permission de la prieure est encore absolument nécessaire, pour qu'une religieuse puisse prêter à une personne ou emprunter d'une personne de l'argent ou quelque autre chose, et également pour qu'elle puisse engager comme garantie, en faveur d'un tiers, ses biens personnels.

VII.

Travailler pour la communauté. Le travail des religieuses est entièrement dû à la communauté : aucune ne pourra songer à travailler pour son avantage personnel ; mais toutes consacreront leur temps, leurs forces, leurs talents et leur bonne volonté au plus grand bien du monastère, selon l'ordre et l'obéissance, accomplissant avec zèle et le mieux qu'elles pourront tout travail qui leur sera imposé, et se montrant *courageuses*, afin d'obtenir, comme salaire, le denier de la vie éternelle.

VIII.

Soins et économie. Toutes éviteront de causer, par négligence, quelque préjudice au monastère. Chacune apportera des soins vigilants pour empêcher qu'aucun des objets confiés à sa garde ou mis à son usage ne se perde ou ne se détériore ; toutes useront d'une sage économie dans leur emploi, et maintiendront dans le plus grand ordre ce dont elles seront chargées.

IX.

Point de luxe ni de superflu. Toutes les pièces spécialement affectées à l'usage de la communauté, ainsi que leur ameublement, et généralement toutes les parties de la maison, porteront le cachet d'une humble et grave simplicité. L'apparence même du luxe en sera bannie; et si les lieux et les appartements destinés au pensionnat ne peuvent présenter l'aspect de la pauvreté religieuse, du moins tout ce qui forme le monastère proprement dit ne contiendra que le strict nécessaire.

X.

Esprit de pauvreté. Les religieuses s'appliqueront à entretenir dans leur âme l'esprit de pauvreté : c'est pourquoi elles se feront un devoir 1° de supporter, sinon avec joie du moins avec une douce résignation, les privations que la divine Providence permettra ou que la prieure imposera dans sa sagesse ; 2° de ne montrer aucune exigence personnelle, ni aucun désir d'une vie douce et commode ; 3° de ne jamais blâmer l'humble simplicité qui règnera dans la maison, mais d'approuver au contraire l'éloignement de tout luxe; 4° de ne témoigner aucune préférence pour ce qui est riche ou élevé, ni aucun dégoût pour ce qui sent la pauvreté et l'abjection; 5° de ne s'attacher à aucun des objets mis à leur usage personnel, et de rester toujours dans la disposition de s'en dépouiller, sans hésitation et sans regret, au premier signal de l'obéissance; 6° de se contenter volontiers de ce qu'il y a de moindre et de ce qui ne peut plus servir aux autres; 7° de supporter avec calme les pertes de biens temporels que le souverain Maître permettra dans ses desseins adorables; 8° enfin de s'abandonner avec confiance aux soins de la Providence pour ce qui concerne l'avenir, consentant à supporter, si tel était le bon plaisir de Dieu, la faim, la soif, les privations et tous les inconvénients de la pauvreté.

CHAPITRE XXXIII.

Vœu d'obéissance.

I.

Obligation générale. Les religieuses de ce monastère n'oublieront pas que Jésus-Christ *s'est rendu obéissant jusqu'à la mort.* Toutes s'appliqueront à imiter ce divin Maître, et chacune s'efforcera d'être exemplaire dans son obéissance.

II.

En quoi il faut obéir. Les religieuses se feront un strict devoir d'accomplir sans exception, dans tous les temps, dans tous les lieux et dans toutes les circonstances, *tout commandement,* soit général, soit particulier, qui leur sera fait par leurs supérieurs légitimes.

III.

A qui il faut obéir. Elles montreront, en premier lieu, une obéissance entière envers la prieure, dont l'autorité est au-dessus de toute autre dans la communauté. Elles obéiront ensuite, selon que l'ordre l'exige, à toutes les religieuses qui ont part au gouvernement de la communauté et à la direction des divers emplois, savoir : à la sous-prieure, aux conseillères, aux officières et sous-officières, respectant, comme ceux de la prieure elle-même, les ordres que chacune d'elles donnera dans la limite de ses attributions.

IV.

Comment il faut obéir. L'obéissance des religieuses sera prompte et entière : jamais elles ne se permettront la moindre résistance ; jamais elles ne témoigneront ni air chagrin, ni mécontentement. Toujours elles s'empresseront d'accomplir, au temps fixé, en la manière indiquée, et le mieux qu'elles pourront, ce qui leur aura été commandé, renonçant à leur jugement et à leur volonté propre.

V.

Respect et dévouement prescrits. Les religieuses n'oublieront pas que leur vœu d'obéissance exige qu'elles montrent, en toutes circonstances, envers la prieure, un profond respect, les plus grands égards et un dévouement sincère et généreux. Manquer de respect envers l'autorité, ce serait blesser directement le vœu d'obéissance : faire de l'opposition à l'autorité, ce serait renier ce vœu sacré. Le respect, les égards et le dévouement prescrits envers la prieure, sont également exigés, dans une juste mesure, envers la sous-prieure et les conseillères, et même, dans un degré sage et convenable, de la part des sous-officières et des aides, envers les officières pour ce qui concerne leurs emplois.

VI.

Défense de murmurer. Les religieuses comprendront que rien n'est plus contraire au vœu d'obéissance que le murmure contre les personnes sous l'autorité desquelles on est placé. Elles regarderont donc le murmure comme un acte coupable et dangereux, qu'il faut éviter avec le plus grand soin et repousser avec horreur. Jamais elles ne seront disposées à prêter l'oreille au murmure, et jamais surtout elles n'ouvriront la bouche pour murmurer, ni contre la prieure, ce qui produirait une faute et un scandale plus grands, ni contre la sous-prieure, ni contre les conseillères, ni même contre les officières que la prieure établit pour diriger les emplois. Elles ne se permettront pas non plus de blâmer les mesures et les décisions adoptées par la prieure ou par les personnes en charge.

VII.

Recevoir la correction. Les religieuses, comme le vœu d'obéissance l'exige, recevront avec respect et docilité les avertissements et les réprimandes que la prieure trouvera utile de leur adresser, et elles se soumettront aux pénitences et aux réparations qu'elle croira nécessaire de leur imposer. Elles auront soin de se mettre à genoux, lorsque la réprimande sera forte. Toujours elles se montreront reconnaissantes envers la prieure de la bonté qu'elle aura eue de les avertir et de les corriger. Si elles n'avaient pu, dans le moment, faire une réparation convenable, elles iraient retrouver la prieure pour lui promettre d'être exactes à suivre ses avis et de travailler à se corriger. Si une religieuse est avertie ou reprise par la sous-prieure, par une conseillère ou par une officière dans l'exercice de leurs fonctions, elle se soumettra également avec docilité à la correction, elle en témoignera sa reconnaissance et promettra d'en profiter.

VIII.

Réparation spontanée. Si une religieuse avait eu la faiblesse de montrer de la résistance, ou de témoigner peu d'égards et de respect, ou de n'obéir que de mauvaise grâce à la prieure ou à une officière en droit de commander, elle aurait soin d'aller au plus tôt faire d'humbles excuses et une réparation convenable.

IX.

Obéissance intérieure. Les religieuses s'efforceront de joindre à leur obéissance extérieure, le mérite de l'obéissance intérieure, laquelle consiste : 1° à obéir par esprit de religion, voyant Dieu dans la personne qui commande ; 2° à obéir avec douceur, dévouement et bonne volonté, même dans les choses qui sont difficiles et peu agréables ; 3° à obéir aveuglément et jusque dans les choses qu'on serait tenté de croire impossibles, étant assurées que le souverain Maître accorde à l'obéissance des lumières et des secours privilégiés ; 4° à comprimer le mieux possible les murmures, les répugnances et les révoltes qui s'élèvent quelquefois dans le cœur contre les ordres qu'on reçoit.

X.

Obéissance envers Monseigneur l'Archevêque. Les religieuses se souviendront toujours que leur obéissance doit être, avant tout et surtout, plénière et complète envers Monseigneur l'Archevêque, leur supérieur majeur, comme envers tout ecclésiastique à qui Monseigneur déléguerait son autorité à l'égard du monastère.

XI.

Ne pas soutenir les autres. Une religieuse serait considérée comme manquant notablement à son vœu d'obéissance, si elle prenait le parti d'une consœur réprimandée par une personne supérieure. Jamais donc aucune religieuse ne se permettra d'ouvrir la bouche pour soutenir publiquement une consœur réprimandée ; jamais non plus elle n'approuvera la consœur qui viendrait lui exprimer ses plaintes ou son mécontentement, mais elle l'exhortera charitablement à une soumission humble et entière.

CHAPITRE XXXIV.

Vœu de stabilité.

I.

A quoi ce vœu oblige. Par son vœu de stabilité, chaque religieuse proclame son attachement inviolable à la communauté, et s'oblige à passer tous les jours de sa vie dans la maison sainte où le Seigneur l'a placée.

II.

Péché contre ce vœu. Le vœu de stabilité

ne restreint pas le pouvoir que l'Eglise donne à Monseigneur de délier, pour des raisons très-graves, une religieuse de ses engagements sacrés et de lui permettre de rentrer dans le monde; mais une religieuse pècherait contre son vœu, si elle se laissait aller volontairement au dégoût de la vie du cloître, au regret d'avoir quitté le monde et au désir consenti d'abandonner le saint état qu'elle a eu le bonheur d'embrasser.

III.

Danger à éviter. Les religieuses s'efforceront d'apprécier et de se rappeler toujours combien il leur est avantageux d'être fixées définitivement dans ce monastère, et de n'avoir plus à rechercher dans quel lieu Dieu veut les sauver. Elles regarderont comme infiniment dangereuse, toute pensée que l'ennemi du salut leur suggèrerait de chercher, dans un autre cloître, un plus grand repos de l'âme, et une plus grande assurance de perfection et de sanctification. L'expérience prouve en effet que, à moins d'une raison extraordinaire ou d'un appel spécial de Dieu reconnu et approuvé par les supérieurs, toute religieuse qui quitte sa communauté pour entrer dans un autre ordre, fait un pas funeste vers un plus grand relâchement et vers l'abandon probable de son saint état.

IV.

Apostasie. Une religieuse violerait totalement son vœu de stabilité et commettrait le crime d'apostasie, si elle quittait la communauté sans dispense et par son choix personnel.

V.

Obligation spéciale. Si par suite d'évènements majeurs, les religieuses se trouvaient forcées de fuir et de quitter provisoirement le monastère, elles seraient (tant qu'il n'y aurait pas été autrement pourvu par l'autorité ecclésiastique) tenues, en vertu de leur vœu de stabilité, à suivre leur supérieure et à se grouper autour d'elle, vivant dans la pauvreté, s'il le faut, et sacrifiant tout à l'unité. Conséquemment elles ne pourraient, à moins d'une autorisation de la prieure accordée pour cause de nécessité, s'éloigner, ni retourner dans leurs familles, ni se placer où bon leur semblerait, et si quelques-unes s'étaient éloignées, avec permission, elles devraient revenir auprès de la prieure aussitôt qu'elle le commanderait.

VI.

Droits perdus. Toute religieuse qui quitterait la communauté, même avec permission du supérieur majeur, pour retourner dans le monde ou pour entrer dans une autre congrégation, perdrait tous ses droits envers la communauté.

VII.

Trousseau rendu. La communauté remettrait à la religieuse qui se retirerait volontairement, un trousseau égal en valeur à celui qu'elle possédait avant sa vêture. La communauté ne serait tenue à aucune autre chose.

VIII.

Rentrée interdite. Toute religieuse qui

aurait quitté la communauté, même avec permission du supérieur majeur, ne pourrait plus, en aucun cas, être reçue de nouveau dans la communauté.

CHAPITRE XXXV.

Fidélité à observer la règle.

I.

Obligation. Les religieuses n'oublieront pas qu'elles se sont obligées, par une promesse solennelle, au jour de leur profession, à l'observation exacte et fidèle de la règle.

II.

Objet de l'obligation. Elles se rappelleront que par ces mots : *les saintes règles de la communauté*, règles dont elles ont promis l'observance, on comprend non-seulement la règle proprement dite, mais encore le directoire, le coutumier et tous les règlements approuvés pour la communauté.

III.

Triple devoir. Elles retiendront que l'obligation qu'elles ont contractée à cet égard exige d'elles trois choses, savoir : 1° un respect sincère pour la règle, qu'elles regarderont comme l'expression de la volonté de Dieu, et dont elles ne parleront qu'avec estime ; 2° une étude attentive de la règle, qu'elles liront avec soin et dont elles se feront un devoir de n'ignorer aucune prescription, aucune défense, aucune décision ; 3° l'observation exacte de la règle, dont elles ne négligeront aucun point et à l'esprit de laquelle elles tâcheront de se conformer en tout.

IV.

Interprétation. Si un point quelconque de la règle paraissait douteux, chacune ne se croirait pas autorisée à l'interpréter à sa manière ; mais l'explication qui semblera la plus convenable sera adoptée par le conseil de la communauté, et même pour les choses les plus importantes, on demanderait la décision de Monseigneur. L'explication adoptée, ou la décision reçue, sera suivie avec docilité par toutes les religieuses.

V.

Sens précis de l'obligation. Afin que les religieuses puissent se former une conscience droite concernant leur obligation d'observer la règle, elles retiendront les principes suivants, admis comme base de décision : 1° la règle n'oblige point *par elle-même* sous peine de péché; 2° ces paroles de la formule des vœux : *lesquelles règles je promets d'observer fidèlement pour le salut de mon âme,* n'expriment pas un *vœu formel,* mais seulement une *promesse obligatoire;* cette promesse entraîne, il est vrai, l'obligation rigoureuse de suivre la règle dans son ensemble, mais elle n'est pas faite en ce sens, qu'une faute théologique serait attachée à chaque infraction volontaire d'un point quelconque de la règle; 3° par conséquent une religieuse pourrait ne commettre qu'*une imperfection,* qu'*une résistance à la grâce,* lors même que, par fragilité, elle manquerait volontairement à un point peu important de la règle ; 4° enfin une religieuse n'est pas censée violer directement sa promesse, pour quelques petites négligences un peu plus fréquentes contre certains points ordinaires de la règle. Mais ces principes n'autorisent point à conclure qu'un certain relâchement serait permis, ni que l'on pourrait enfreindre assez librement la règle sans blesser sa conscience ; car ces autres principes sont également admis comme base de décision : 1° il est difficile de manquer à un point quelconque de la règle, sans que cette infraction soit accompagnée d'une faute spéciale, soit de paresse, soit de mépris, soit de scandale, soit d'immortification condamnable : 2° manquer *souvent et de propos délibéré* à divers points même secondaires de la règle, c'est violer, sinon notablement, du moins d'une manière directe, un des engagements de la profession ; 3° une religieuse pourrait se rendre très-coupable *par le fait même*, en enfreignant de propos délibéré certains points de la règle, dont la violation est de nature à entraîner plus de scandale, à établir des abus préjudiciables ou à nuire plus directement au bon esprit de la communauté; 4° une religieuse pourrait pécher, même gravement, en enfreignant certains points de la règle qui concernent les vœux, ou d'autres points dont les supérieurs légitimes prescriraient l'observation au nom de la sainte obéissance, et avec l'intention d'obliger sous peine de péché considérable; 5° une religieuse violerait notablement sa promesse et pourrait se rendre très-coupable, si elle montrait *habituellement* une grande négligence, ou une sorte d'insouciance pour l'observation de la règle en général, et si elle se mettait peu en peine de vivre selon son esprit; 6° une religieuse, comme le dit saint Bernard, pècherait gravement si c'était par mépris de la règle qu'elle manquerait d'en observer même un seul point.

CHAPITRE XXXVI.

Culte particulier d'amour, d'imitation et de dévouement envers la très-sainte Vierge.

I.

Souvenir pratique. Les religieuses aimeront à se rappeler leur solennelle promesse d'un culte particulier d'amour, d'imitation et de dévouement envers la très-sainte Vierge, et elles se feront un devoir et un bonheur de mettre en pratique cette pieuse promesse.

II.

Genre prescrit. Les religieuses comprendront facilement que la promesse dont il est ici question n'exige pas une dévotion exaltée, accompagnée de démonstrations éclatantes, de grands élans et de paroles enthousiastes ; mais bien une dévotion calme, généreuse, solide, éclairée, conforme enfin à l'enseignement et à l'esprit de l'Eglise, ainsi qu'aux pieux exemples des saints et des âmes les plus élevées en vertu.

III.

Nature de l'obligation. Les religieuses comprendront encore que leur promesse envers l'auguste Vierge, n'oblige pas directement sous peine de péché; mais que, cependant, une notable négligence à cet égard serait blâmable et funeste : et certes la religieuse qui négligerait habituellement et avec une sorte d'insouciance, le culte d'amour, d'imitation et de dévouement qu'elle a promis à Marie, exposerait son salut, et ne mériterait plus le titre de fille de saint Bernard.

IV.

Indications spéciales. Les religieuses s'appliqueront, pour l'accomplissement pratique de leur promesse à Marie : 1° à l'aimer tendrement et à la proclamer avec joie, leur première Conseillère, leur première Supérieure, leur Mère de toute consolation et de toute douceur; 2° à remplir avec un pieux empressement les pratiques adoptées dans la communauté pour l'honorer ; 3° à prier souvent cette bonne Mère, et à lui montrer une confiance plénière et un abandon filial ; 4° à célébrer avec foi et ferveur les fêtes établies en son honneur ; 5° à propager sa dévotion et (sans s'écarter des règles de la prudence et de la discrétion) à faire de toutes les jeunes personnes que Dieu rassemble dans les classes, de véritables enfants de Marie ; 6° enfin à marcher sincèrement et courageusement sur les traces de ce parfait modèle, tâchant d'être intérieurement et extérieurement recueillies, pures, douces, humbles et modestes, comme l'était cette Vierge immaculée.

V.

Exhortation et exemple. La prieure s'efforcera par de pieuses exhortations de soutenir et d'augmenter la dévotion à la très-sainte Vierge dans le cœur de ses filles; mais surtout elle leur en donnera l'exemple. La maîtresse des novices agira de même à l'égard des personnes dont elle est spécialement chargée. La sous-prieure, les conseillères et les principales officières se croiront également obligées de témoigner, d'une manière particulière, leur zèle et leur dévouement envers l'auguste Patronne du monastère.

VI.

Respect pour le saint nom de Marie. Les religieuses conserveront le pieux usage d'incliner la tête, lorsqu'elles prononceront ou entendront prononcer le saint nom de Marie.

CHAPITRE XXXVII.

Devoirs de la Prieure.

I.

Prière, humilité, abnégation. Le premier devoir de la prieure est de chercher à attirer sur elle les grâces, les lumières et l'assistance du Seigneur, par une profonde humilité et par de ferventes prières, s'oubliant elle-même pour se dévouer aux intérêts de la communauté, ne cherchant que le bien et la gloire de Dieu, et agissant en toutes choses avec les intentions les plus pures et les plus droites.

II.

Exciter la piété. Elle doit s'efforcer constamment d'exciter la ferveur dans la communauté, exhortant ses filles à l'amour du bon Maître, leur donnant, selon le besoin de pieux conseils pour leur conduite intérieure, les poussant pieusement à la perfection religieuse, et veillant à ce que toutes soient suffisamment instruites des vérités de la religion et des devoirs de leur saint état.

III.

Faire observer la règle. Elle doit faire observer très-exactement la règle, et chercher soigneusement à en inspirer l'estime, l'amour et le respect à toute la communauté.

IV.

Sagesse dans la distribution des emplois. Elle doit s'appliquer à distribuer les emplois avec une grande sagesse, pesant les dispositions, les forces et l'aptitude de ses sœurs, et tâchant d'assigner à chacune le genre de travail le plus convenable, et le plus propre à contribuer au bien du monastère.

V.

Surveillance. Elle doit exercer sur tout le monastère une sage et complète surveillance, s'informant de tout avec prudence, se faisant rendre compte et s'assurant souvent par elle-même de la manière dont les devoirs sont remplis.

VI.

Vigilance contre les abus. Elle doit avoir l'œil ouvert sur tous les abus qui tendraient à s'introduire, s'y opposer de tout son pouvoir, et se montrer dans l'accomplissement de ce devoir, intelligente, ferme, pleine de constance et exempte de tout respect humain.

VII.

Avertissements et corrections. Elle doit, pour maintenir l'esprit religieux et la régularité, ne pas négliger d'avertir, de reprendre et de corriger, se souvenant que l'accomplissement de ce devoir entre dans les desseins du Seigneur, et qu'il ne pourrait être omis sans préjudice pour la communauté. Dans ses avis, ses réprimandes et ses corrections, elle unira la force à la douceur, et la fermeté à la compassion.

VIII.

Entendre les religieuses. Elle mettra au nombre de ses obligations les plus douces et les plus indispensables, celle de tenir son cœur ouvert pour toutes ses filles, les écoutant avec bonté et avec intérêt dans leurs peines et dans leurs besoins, et cherchant à les soulager, sans les autoriser toutefois à se montrer exigeantes par préoccupation d'elles-mêmes.

IX.

Etre impartiale. Elle doit être pour ses filles une mère juste et impartiale, ayant pour toutes le même cœur, et voyant en chacune, sans acception de personnes, une enfant dont Dieu l'a chargée.

X.

Discrétion. Elle n'oubliera jamais qu'elle est tenue à la discrétion la plus rigoureuse sur tout ce qui lui est confié dans le secret, regardant les confidences intimes comme un dépôt qui doit rester sacré, non-seulement pendant qu'elle est en charge, mais même lorsqu'elle a cessé ses fonctions.

XI.

Soin du temporel. Elle est obligée d'avoir constamment soin du temporel de la communauté, et elle doit le diriger, surveiller et régler en digne, intègre et pieuse intendante de l'auguste Marie. Elle s'appliquera en outre à faire régner *l'ordre*, *l'économie*, *la salubrité et la propreté* dans toute la maison, s'opposant du reste à tout ce qui sent le luxe et s'éloigne de la simplicité.

XII.

Bon exemple. Enfin son devoir le plus important (et il résume tous les autres) est de montrer en tout le bon exemple, de pratiquer elle-même ce qu'elle recommande aux autres, et d'être, autant que possible, la première en vertu comme elle est la première en autorité.

CHAPITRE XXXVIII.

Devoirs de la Sous-Prieure.

I.

Devoirs généraux. La sous-prieure, en sa qualité de première aide de la prieure, considérera comme *imposés à elle-même, dans une juste mesure,* la plupart des devoirs énumérés dans le chapitre précédent.

II.

Devoirs envers la prieure. Elle regardera comme devoirs spéciaux : 1° d'être le soutien, la joie et la consolation de la prieure ; 2° de lui témoigner une confiance simple et affectueuse ; 3° de la seconder avec un dévouement sincère et filial ; 4° de l'avertir, selon le besoin, en fille dévouée, avec simplicité, respect et franchise ; 5° d'agir en tout selon ses vues, sans flatterie comme sans opposition ; 6° de lui rendre compte de tous les manquements qui peuvent compromettre le bien général ou la sanctification des religieuses en particulier ; 7° de la prévenir des inconvénients qui paraîtraient résulter de telle ou telle mesure adoptée ; 8° de lui signaler les abus qui tendraient à s'introduire et les manquements qui sembleraient se généraliser.

III.

Devoirs dans la communauté. La sous-prieure regardera encore comme devoirs spéciaux : 1° d'avertir et de reprendre directement (lorsque la prieure n'est pas présente) toute religieuse qui manquerait à la règle ou qui s'écarterait de l'esprit religieux ; 2° de se montrer, lorsqu'elle remplace la prieure, digne, ferme et vigilante, soutenant avec une grande pureté d'intention, le bon ordre et la régularité ; 3° de ne jamais oublier que ses pouvoirs sont purement secondaires, et qu'elle doit à la communauté l'exemple d'une entière soumission et d'un profond respect envers la prieure, se faisant une loi de demander les permissions dont elle a besoin, et s'abstenant strictement de faire acte d'autorité lorsque la prieure est présente ; 4° de ne jamais chercher à s'attirer l'estime et la confiance des religieuses au préjudice de la prieure, mais de se montrer attentive à reporter vers elle tous les cœurs.

IV.

Edification. La sous-prieure mettra enfin au nombre de ses principaux devoirs, celui d'édifier ses consœurs et de concourir au bien (plus que les simples religieuses), par l'*exemple* de ses vertus, de son dévouement à la communauté, et de son amour pour tout ce qui est saint et digne de Dieu.

CHAPITRE XXXIX.

Devoirs des Conseillères.

I.

Esprit de foi, prudence, dévouement. Les conseillères doivent se rendre recommandables dans la communauté, par un grand esprit de foi, par une vertu éprouvée, par leur dévouement aux intérêts spirituels et temporels du monastère, par leur sagesse dans l'examen des affaires, par leur calme et leur pureté d'intention dans les décisions auxquelles elles participent, par leur dignité prudente et leur humble fermeté lorsqu'elles président en l'absence de la prieure et de la sous-prieure, par leur attention vigilante à prévenir la prieure des manquements et des abus qu'elles remarquent, et enfin par leur intelligente charité dans les avertissements qu'elles doivent donner à leurs consœurs.

II.

Amour de la règle, bon exemple. Qu'elles s'efforcent en outre de devenir des modèles pour tout ce qui concerne la régularité et l'esprit religieux ; qu'elles se montrent zélées pour le maintien et l'observation de tous les points de la règle, et qu'elles témoignent, en toutes rencontres, un grand respect et une entière soumission envers la prieure et même envers la sous-prieure.

III.

Humilité. Que jamais elles ne cherchent à s'attirer l'estime et la confiance des religieuses aux dépens de l'autorité.

IV.

Discrétion. Enfin qu'elles aient la plus grande discrétion concernant les diverses choses qui peuvent leur être communiquées, dans le secret, par la prieure, et concernant toutes les affaires qui se traitent en conseil.

CHAPITRE XL.

Devoirs des discrètes.

1.

Pureté d'intention. Les discrètes s'efforceront d'attirer, par une grande pureté d'intention et par d'humbles prières, les lumières et les bénédictions célestes sur les affaires qu'elles seront appelées à examiner avec la prieure.

II.

Zèle et humilité. Elles attacheront une juste importance à l'exercice de leur charge, et elles chercheront à la remplir avec zèle, sagesse et humilité.

III.

Examen des affaires. Elles doivent, dans l'examen des affaires, s'abstenir de toute prétention et de toute suffisance, ne jamais chercher opiniâtrément à faire prévaloir leur avis, et ne point tenter d'entraîner secrètement les autres dans leur sentiment. Elles peuvent néanmoins exposer leur pensée avec franchise, ne pas admettre aveuglément tout avis contraire au leur, et faire valoir leurs raisons avec calme et modestie. Elles doivent encore écouter et peser avec sagesse les motifs allégués par les autres, et surtout montrer beaucoup de respect et de déférence pour la prieure et les dignitaires.

IV.

Votes consciencieux. Elles doivent, dans la décision de chaque affaire, voter avec désintéressement et dans l'unique désir du bien. Chacune suit alors ce que Dieu lui inspire.

V.

Silence discret. Enfin toutes doivent garder un religieux silence sur ce qui se passe, se discute et se décide dans les séances du conseil.

CHAPITRE XLI.

Devoirs de la directrice du noviciat.

I.

Zèle général. La directrice du noviciat doit s'appliquer avec un grand zèle à former solidement à l'esprit religieux toutes les personnes confiées à ses soins.

II.

Sagesse dans la manière de procéder. Elle s'appliquera à bien apprécier le caractère et les inclinations de toutes ses filles, afin de donner à chacune des conseils qui lui soient mieux appropriés; elle tâchera également de gagner leur confiance, afin que ses exhortations pénètrent plus facilement dans les cœurs et y produisent de meilleurs fruits; enfin elle sera toujours d'une parfaite discrétion concernant les choses qui lui auront été confiées.

III.

Dévouement maternel. Elle se montrera, pour toutes et pour chacune sans distinction, une mère dévouée, attentive et compatissante, s'occupant de leurs besoins avec un véritable intérêt.

IV.

Soins dans les peines et tentations. Elle sera leur confidente intime pour tout ce qui concerne leur intérieur; elle permettra à toutes de lui exposer leurs peines, leurs tentations et leurs faiblesses, et elle tâchera de les soutenir dans la voie de la perfection.

V.

Instruire et éclairer. Elle aura soin de les instruire des choses de Dieu, et surtout des devoirs de la vie religieuse; elle s'attachera à leur former une conscience droite et calme, leur apprendra à se bien confesser, et s'assurera si elles connaissent convenablement les mystères et les vérités de notre sainte religion.

VI.

Réserve digne et sage. Elle paraîtra toujours au milieu d'elles comme une mère digne et pleine de sagesse, qui cherche uniquement leur bonheur et leur salut, et qui est décidée à ne souffrir de leur part aucune attache, et à ne tolérer la recherche d'aucune satisfaction tout humaine.

VII.

Former au renoncement. Elle les formera au saint renoncement, et elle leur apprendra à briser leur volonté pour marcher courageusement dans la voie de la régularité, de l'entière obéissance et de la vraie humilité.

VIII.

Corriger les défauts et les illusions. Elle les avertira sérieusement de tous leurs défauts, elle les préviendra de leurs illusions, et elle exigera qu'elles s'appliquent à se corriger.

IX.

Imposer des pénitences. Elle se fera un devoir de leur imposer, quand elles seront en défaut, des réparations convenables et des pénitences salutaires, selon ce que lui inspirera une prudence tout à la fois indulgente et ferme.

X.

Faire subir des épreuves. Elle leur fera subir, à l'occasion, quelques épreuves sagement choisies, afin de s'assurer de leurs progrès dans la vertu ou de la solidité de leur vocation.

XI.

Exiger une entière droiture. Elle inspirera à ses filles un grand amour de la càndeur et de la simplicité, et s'opposera fortement à tout manquement de droiture.

XII.

Veiller à la pratique de la charité. Elle les formera, avec un soin tout spécial, au support mutuel, à la douceur et à l'obligeance ; elle réprimera avec vigilance tout manquement à la charité.

XIII.

Inspirer une vertu forte. Enfin elle ne négligera rien pour en faire des religieuses pleines de zèle pour tout bien, courageuses dans l'accomplissement de leurs devoirs, peu occupées d'elles-mêmes et solidement établies dans la pratique des vertus.

XIV.

Prêcher d'exemple. Elle s'astreindra surtout à prêcher d'exemple, et à montrer, par sa conduite personnelle, comment on accomplit avec perfection tous les devoirs religieux.

XIV.

Devoir spécial envers la prieure. Elle n'oubliera pas de consulter souvent la prieure, de lui rendre compte, de reporter les cœurs vers elle et de faire comprendre que la prieure est la première mère au noviciat comme dans tout le monastère.

XV.

Prier pour les novices. Elles priera souvent pour ses filles et elle suppliera le Seigneur de daigner les diriger lui-même dans les sentiers de la perfection ; elle redoublera ses prières, lorsqu'une âme lui paraîtra moins docile ou plus exposée à la tentation.

CHAPITRE XLII.

Devoirs de l'économe.

I.

Principales attributions. L'économe sera spécialement chargée de procurer, au nom

1° de procurer sous les ordres de la prieure, à toutes les personnes de la maison, la nourriture, le feu et la lumière; 2° d'entretenir la propreté dans tous les lieux du monastère et du pensionnat.

II.

Soin des jardins et de la basse-cour. Elle s'occupera, soit seule, soit d'accord avec l'inspectrice que la prieure voudrait nommer, du soin des jardins et de la basse-cour, veillant à ce que le rapport en soit aussi avantageux que possible, et s'efforçant d'en utiliser les produits avec intelligence.

III.

Attention dans les achats. Elle fera avec attention et prévoyance l'achat des provisions et des diverses fournitures nécessaires à l'économat, évitant de se laisser tromper, se montrant juste et bienveillante envers les fournisseurs; mais aussi résistant, avec calme et dignité, à toute injuste prétention de leur part.

IV.

Comptes à tenir. Elle tiendra un compte

exact de tout l'argent que la prieure lui confiera pour son emploi; elle annotera soigneusement toutes ses dépenses, et jamais elle n'apportera de retard ni de négligence dans les paiements qu'elle doit faire.

V.

Distribution du travail et surveillance. Elle distribuera, après l'avoir combiné pour le mieux, le travail aux sœurs et aux filles de service qui l'aident dans sa charge, ainsi qu'aux divers ouvriers employés sous ses ordres; elle surveillera l'exécution du travail qu'elle aura commandé, le dirigeant au besoin par ses conseils et l'activant par sa présence.

VI.

Inventaire à établir. Elle établira un inventaire exact des objets qui sont à l'usage de l'économat, les renouvellera au besoin, et les entretiendra soigneusement.

VII.

Ordre et économie. Elle fera régner l'ordre et l'économie et la propreté dans tout ce qui concerne son emploi ; elle veillera à ce que rien ne se perde, à ce que rien ne se détériore par sa négligence.

VIII.

Prévoyance. Elle tâchera de prévoir toutes choses et de ne rien laisser manquer de côté et d'autre, par oubli ou par défaut de soin.

IX.

Préparation des aliments. Elle préparera une nourriture saine et convenable, selon l'ordre établi, et à cet égard elle s'appliquera à ne faire souffrir personne, contre la volonté de Dieu et l'intention de la prieure.

X.

Abus à empêcher. Elle aura l'œil ouvert sur tout ce qui a rapport à son emploi, et empêchera tout abus qui voudrait se glisser parmi les personnes dont elle dirige le travail.

XI.

Recours à la prieure. Elle consultera souvent la prieure, et elle aura le bon esprit d'agir selon ses vues, lui rendant compte selon son désir, lui demandant une permission spéciale pour toutes les choses qui sortent des habitudes ordinaires ou qui ont une plus grande importance.

XII.

Recueillement. Elle tâchera surtout de conserver l'esprit intérieur et de ne point perdre, dans le soin des choses temporelles, le recueillement et la ferveur si nécessaires et si recommandés aux épouses de Jésus-Christ.

XIII.

Responsabilité spéciale. Elle regardera, comme tombant sous sa responsabilité, les précautions à prendre contre le feu. Du reste, toutes les officières et même toutes les religieuses doivent user, sous les yeux de Dieu et pour plaire à Marie, de la plus attentive vigilance, afin d'empêcher que le feu ne se communique d'une manière funeste dans quelque partie du monastère; et chacune est obligée personnellement de prendre les plus exactes précautions pour éviter de causer un malheureux incendie par son imprudence.

CHAPITRE XLIII.

Devoirs de la directrice du vestiaire.

I.

Objets dont elle est chargée. La directrice du vestiaire sera chargée, sous les ordres de la prieure, de tout ce qui concerne les vêtements des religieuses et le mobilier de la maison. Elle aura sous sa surveillance les sœurs et les filles de service désignées pour la couture, pour la lessive et pour le soin des meubles, des lits, des rideaux, etc. : elle règlera leur travail.

II.

Soin spécial des effets des religieuses. Elle veillera à ce que chaque religieuse soit pourvue, selon la volonté de Dieu et l'intention de la prieure, des effets nécessaires : elle veillera également à ce que ces effets soient confectionnés avec soin, raccommodés avec exactitude, lessivés en temps opportun et renouvelés selon le besoin, conformément aux règles de l'économie et de la sainte pauvreté.

III.

Dévouement attentif. Elle s'efforcera de ne faire souffrir personne par oubli, par négligence, par défaut d'activité, de dévouement et de bonne volonté.

IV.

Soin spécial des meubles. Elle s'occupera de tous les meubles qui se trouvent dans la maison, veillera à leur entretien, et les renouvellera quand il sera nécessaire : elle suivra exactement l'esprit religieux dans cette partie de son emploi, s'attachant d'un côté à ce que tout offre un aspect convenable, à ce que tout soit solide et commode, et de l'autre, à ce que rien ne sente la richesse, à ce que rien ne présente l'apparence du luxe.

V.

Soin spécial des lits, des cellules et des dortoirs. Elle s'occupera encore très-soigneusement des lits et de tout ce qui concerne le coucher des religieuses et des pensionnaires, et en même temps des objets qui garnissent les cellules et les dortoirs, s'attachant à ce que tout y soit arrangé, entretenu et renouvelé de la manière la plus utile et la plus convenable.

VI.

Propreté. Elle fera régner une grande propreté dans tous les lieux et dans tous les objets qui tiennent à son emploi.

VII.

Attention dans les achats. Elle apportera beaucoup de soin et d'attention aux achats dont elle sera chargée par la nature de son emploi, faisant les provisions en temps convenable, évitant de se laisser tromper et défendant les intérêts de la communauté, sans souffrir que les fournisseurs manquent d'exactitude ou de loyauté.

VIII.

Comptes à tenir. Elle tiendra un compte exact de tout l'argent que la prieure lui confiera pour son emploi, et de tous les paiements qu'elle devra faire.

IX.

Esprit de foi. Elle s'appliquera surtout à remplir sa charge avec esprit de foi et de recueillement, se gardant bien de négliger, au milieu de ses occupations, l'exacte pratique des vertus religieuses.

X.

Recours à la prieure. Elle recourra souvent aux conseils de la prieure, agira en son nom, lui rendra compte de tout ce qui peut l'intéresser, et lui demandera exactement les permissions dont elle aura besoin pour l'accomplissement de sa charge.

CHAPITRE XLIV.

Devoirs de la maîtresse des œuvres.

I.

Soins des bâtiments existants. La maîtresse des œuvres, au nom et sous l'autorité de la prieure, s'occupera d'abord de tout ce qui a rapport à l'entretien des bâtiments qui composent la maison ; elle fera en sorte que les toits, les murailles, les fenêtres, les planchers, les cheminées, etc., étant visités et réparés en temps convenable, ne se détériorent point par défaut de vigilance et de soin. Elle se souviendra, dans l'accomplissement de ce devoir, que le monastère appartient à la très-sainte Vierge.

II.

Constructions nouvelles. La maîtresse des œuvres s'occupera, en second lieu, de tout ce qui concerne les constructions nouvelles qui seront décidées. A cet égard, elle sera aidée par un ou deux hommes compétents, agréés par la prieure : elle exigera que toutes les constructions soient exécutées conformément aux plans adoptés, et jamais elle n'abandonnera à la volonté de chaque ouvrier, la direction des travaux et le succès de l'entreprise.

III.

Surveiller les travaux. Elle veillera à ce que les ouvriers ne perdent pas leur temps, et à ce qu'ils exécutent, avec soin et solidité, les divers travaux dont ils seront chargés.

IV.

Inspection des matériaux. Elle s'assurera, avec l'avis des personnes compétentes dont il est parlé plus haut, que les matériaux fournis ne laissent rien à désirer sous le rapport de la quantité et de la qualité convenues, et que les fournisseurs remplissent les conditions qui auront été stipulées avec eux.

V.

Rapports avec les ouvriers. Elle fera en

sorte que les ouvriers ne soient presque jamais abandonnés à eux-mêmes, et sans témoin, dans l'intérieur du monastère; elle entretiendra, autant que possible, la paix et l'harmonie entre eux, et elle réprimera avec autorité et prudence toute conversation et tout propos déplacés qu'ils pourraient se permettre; elle tâchera de les édifier toujours, ainsi que les fournisseurs, par sa religieuse conduite, sa bienveillance et sa gravité douce et modeste.

VI.

Présence de Dieu. Elle s'efforcera surtout de conserver la sainte présence de Dieu, et de ne pas trop répandre son âme dans les choses extérieures.

VII.

Comptes à tenir. Elle paiera exactement les maîtres-ouvriers, et tiendra un compte soigné de tout l'argent que la prieure lui confie pour son emploi.

VIII.

Soumission envers la prieure. Enfin elle

rendra compte à la prieure de tout ce qui pourra offrir quelque intérêt ; elle se fera un devoir de suivre en tout ses intentions et de lui demander toutes les permissions dont elle aura besoin pour l'accomplissement de sa charge.

CHAPITRE XLV.

Devoirs de la religieuse chargée de recevoir les étrangers.

1.

Amour du bien, modestie, urbanité. Toute religieuse que la prieure chargera de recevoir les parents des élèves et les personnes qui se présentent au parloir, s'efforcera de joindre au désir du bien, toujours ferme et complet, que réclame tout spécialement son emploi, une édifiante modestie, une profonde discrétion, beaucoup d'urbanité, des procédés délicats, des manières polies et une bienveillance pleine de dignité.

II.

Ne choquer personne. Quoiqu'elle doive chercher beaucoup plus à édifier qu'à plaire, et beaucoup plus à contenter Dieu qu'à satisfaire ceux à qui elle parle, elle se fera toujours un devoir de rendre raison à tous avec douceur et affabilité; elle se montrera même, tout en évitant une complaisance fade et outrée, désireuse de satisfaire chaque personne en ce qui n'est pas contraire au règlement, et elle s'abstiendra avec soin de blesser qui que ce soit par quelque parole ou procédé peu réfléchi.

III.

Esprit de foi. Elle s'appliquera, dans toutes les circonstances, à se montrer pleine de charité pour le prochain, très-attachée aux principes de la foi, remplie d'éloignement pour l'esprit du monde et exacte observatrice de tout ce qui annonce la pureté la plus sévère.

IV.

Sagesse dans les conversations. Elle s'attachera à détourner, avec une sainte adresse, toute question et toute conversation propres à amener des discussions imprudentes ou de fâcheuses indiscrétions.

V.

Surveillance. Elle exercera une surveillance intelligente et calme sur tout ce qui se passe dans les salles de réception, et elle rendra compte à la prieure de tout ce qui méritera d'être signalé à sa prudence ou à son autorité.

VI.

Fermeté et prudence. Elle montrera une juste fermeté pour maintenir l'ordre, et loin de rejeter l'odieux sur les autres, elle soutiendra avec sagesse les décisions de la prieure ou des officières compétentes, tâchant toutefois de faire goûter, par de bonnes explications, les refus nécessaires, et d'en adoucir les effets.

VII.

Élévations de cœur. Qu'elle n'oublie pas

surtout la prière et les pieuses élévations de cœur, dont elle doit sentir le continuel besoin.

CHAPITRE XLVI.

Devoirs des portières.

I.

Zèle dévoué. Les religieuses désignées comme portières attacheront une sainte importance à leur emploi, et elles s'appliqueront à le remplir avec zèle, dévouement, sagesse et piété.

II.

Grande exactitude. Elles se feront une loi d'être très-exactes et de ne jamais faire attendre personne par leur négligence, se souvenant qu'elles pourraient être responsables de notables impatiences qui offenseraient Dieu.

III.

Douceur, affabilité. Elles seront toujours

douces, affables et obligeantes, comme l'était la sainte Vierge elle-même, ne montrant à personne un air dur, sombre ou ou chagrin, ne rebutant personne sans motif et ne témoignant aucune impatience pour les dérangements qu'on leur cause.

IV.

Discrétion et prudence. Elles uniront toujours à une douce urbanité, beaucoup de réserve dans leurs paroles, et beaucoup de sagesse et de réflexion dans toutes leurs actions et dans toutes leurs démarches.

V.

Attention spéciale. Elles s'appliqueront à faire chaque commission, soit auprès de la prieure, soit auprès des officières, avec clarté et précision, s'informant avec attention de ce que les personnes demandent, le rendant d'une manière exacte, et s'abstenant d'occasionner des contredits, des malentendus et des embarras. Elles reporteront également, avec prudence et netteté, les réponses et les décisions données, employant des procédés polis, adoucissant autant qu'elles le pourront l'amertume qu'excitent les refus, et tâchant en général de ne renvoyer personne mécontent, ou du moins de ne mécontenter personne volontairement.

VI.

Modestie, présence de Dieu. Elles seront surtout toujours très-modestes et très-graves, le cœur plein de Dieu et l'âme disposée à la prière, afin qu'elles restent dignes de saluer les bons anges des personnes qui se présentent.

VII.

Devoirs spéciaux envers la prieure. Enfin elles suivront exactement les intentions de la prieure, et elles lui rendront compte, comme elles le doivent en conscience, de tout abus de confiance, ou de toute infraction notable à la règle, qui se commettrait à la porte, peu importe de quelle part viendrait la faute qu'elles auraient remarquée.

CHAPITRE XLVII.

Devoirs de la dame infirmière. — Devoirs des sœurs infirmières.

I.

Dame infirmière.

Comprendre son emploi. La religieuse chargée par la prieure du soin des malades et des infirmes, tâchera de bien se pénétrer de la dignité de son emploi et s'attachera à le remplir avec une grande charité.

II.

Prières et piété. Elle s'efforcera d'attirer, par ses prières et sa piété, les bénédictions célestes sur les personnes souffrantes, dont le soin lui aura été confié.

III.

Dévouement attentif. Elle se montrera attentive et dévouée à l'égard de toutes les malades sans distinction.

IV.

Redoublement de soins. Elle redoublera de

zèle et de dévouement auprès de celles qui deviendraient plus gravement souffrantes, et elle tâchera d'adoucir leurs souffrances par ses soins les plus assidus et les plus affectueux.

V.

Grande patience. Elle supportera avec douceur les petites exigences et les agitations qu'excite naturellement l'état de maladie, et son unique pensée sera d'être utile aux autres sans recherche d'elle-même.

VI.

Sage bienveillance. Elle se montrera douce et compatissante, afin que chacune puisse sans crainte lui exposer ses misères et lui donner le détail de ses infirmités; néanmoins elle restera toujours grave et réservée, évitant jusqu'à l'ombre de la familiarité, et ne favorisant jamais, par une indulgence excessive, les exigences et les précautions exagérées de celles qui soignent trop leur santé.

VII.

Chastes précautions. Elle observera, en

toutes circonstances, sans scrupule toutefois et sans refuser aucun soulagement à ses sœurs, les saintes et chastes précautions que prescrit et qu'inspire l'amour de la virginité.

VIII.

Rapports avec le médecin. Elle suivra exactement les indications et prescriptions du médecin ; elle restera toujours, dans ses rapports avec lui, à la fois bienveillante et très-réservée.

IX.

Attention concernant les remèdes. Elle apportera la plus grande attention chaque fois qu'il s'agira de faire venir des remèdes et de les administrer, et elle craindra sur toutes choses de commettre à cet égard la moindre erreur.

X.

Comptes et inventaire. Elle établira un compte exact de l'argent que la prieure lui confiera pour son emploi et de tous les paiements qu'elle devra faire ; elle aura également le catalogue ou inventaire exact des objets et du linge à l'usage de l'infirmerie.

XI.

Propreté, ventilation. Elle entretiendra dans une grande propreté toutes les pièces où se trouvent les malades, et elle aura soin d'y renouveler l'air en temps opportun.

XII.

Entretenir le bon esprit. Elle veillera à ce que l'esprit religieux et l'amour du silence ne s'altèrent pas à l'infirmerie, et elle se fera un devoir de dire, quand l'occasion s'en présentera, un mot d'édification aux malades.

XIII.

Recourir à la prieure. Enfin elle rendra souvent compte à la prieure, lui demandera conseil, suivra en tout ses intentions et n'agira qu'avec les permissions requises.

XIV.

Zèle et obéissance. Les sœurs infirmières seconderont, avec zèle et bonne volonté, la dame infirmière; elles seront empressées à lui obéir, et elles suivront exactement ses indications.

XV.

Dévouement actif et empressé. Elles montreront en toutes rencontres une généreuse activité et un dévouement à toute épreuve, et elles tâcheront d'être, par leur empressement, leur attention, leur dextérité et leur oubli d'elles-mêmes, la consolation des malades.

XVI.

Attention générale. Elles s'appliqueront du reste à elles-mêmes tout ce qui est recommandé plus haut à la dame infirmière, et elles imiteront son zèle et son dévouement dans l'accomplissement d'une charge dont elles partagent, jusqu'à un certain point tous les devoirs.

CHAPITRE XLVIII.

Devoirs des maîtresses de classe.

I.

Manière d'envisager l'œuvre. Les maîtresses de classe s'habitueront à considérer l'œuvre de l'instruction de la jeunesse comme éminemment sainte et utile, et comme très-méritoire devant Dieu.

II.

Zèle et dévouement. Elles s'y appliqueront, chacune dans son emploi spécial et selon l'obéissance, avec un grand zèle et un grand dévouement.

III.

Humilité, recours à Dieu. Elles s'appuieront uniquement sur Dieu pour le succès, et elles n'oublieront jamais que le zèle, les talents et l'expérience resteraient stériles, si le bon Maître ne daignait les féconder par sa bénédiction.

IV.

Esprit de pénitence. Elles aimeront à supporter la fatigue des classes en esprit de pénitence, considérant cette occupation quelquefois accablante, comme leur tenant lieu des jeûnes et des austérités auxquels s'astreignent d'autres instituts religieux.

V.

Nulle recherche d'elles-mêmes. Elles éviteront soigneusement, dans les soins qu'elles donneront aux élèves, toute recherche d'elles-mêmes, tout esprit de vanité et tout désir de considération personnelle.

VI.

Préférence pour les pauvres. Elles auront autant de zèle pour l'école gratuite que pour les classes payantes; il leur est même permis d'avoir au fond du cœur, selon l'esprit de l'Évangile, une certaine préférence pour les enfants pauvres.

VII.

Inspirer un grand esprit de foi. Elles ne

négligeront rien pour rendre leurs élèves vraiment vertueuses, et elles s'efforceront de leur inspirer une piété solide, les instruisant à fond des vérités de la Religion, leur formant une conscience droite, les empêchant de se borner à une pratique purement extérieure de leurs devoirs, enfin leur inculquant, par tous les moyens possibles, un véritable esprit de foi.

VIII.

Mission spéciale. Toutes ne s'ingèreront pas de vouloir diriger et former les cœurs des enfants, mais elles laisseront ce soin spécial aux maîtresses que la prieure trouvera bon d'en charger.

IX.

Esprit d'union. Elles travailleront dans un grand esprit d'union, maintenant, avec dévouement et abnégation, l'uniformité, s'en tenant strictement au genre d'enseignement et de direction adopté, évitant les contredits, se soutenant les unes les autres, se conformant aux décisions données par les supérieurs, et reportant les cœurs des élèves vers les maîtresses principales.

X.

Assemblées ou conférences. De temps en temps la prieure assemblera en totalité ou en partie, les maîtresses de classe, afin qu'elles se concertent, sous son autorité, relativement aux mesures qu'il y aurait à prendre, en général ou en particulier, pour améliorer toutes choses selon Dieu, eu égard aux besoins et à l'opportunité du moment.

XI.

Surveillance. Elles apporteront le plus grand soin à la surveillance, envisageant cette partie de leurs devoirs comme l'une des plus *importantes*, s'efforçant de la remplir avec intelligence, zèle et dévouement, et s'astreignant à suivre les règles et les usages établis à cet égard.

XII.

Dignité calme et douce. Elles useront d'une grande prudence dans leurs rapports avec les élèves, paraissant toujours au milieu d'elles avec une dignité pleine de douceur, alliant la bonté maternelle qui inspire la confiance, à la gravité calme qui exclut la familiarité, et repoussant soigneusement toute marque de prédilection déplacée et d'attachement trop sensible.

XIII

Honnêteté envers les élèves. Elles se feront, en toutes rencontres, un devoir d'agir envers les élèves avec beaucoup d'honnêteté, s'interdisant strictement tout procédé peu délicat, toutes manières peu polies ou peu dignes, et tout terme peu convenable.

XIV.

Impartialité. Elles se feront une loi inviolable d'être toujours entièrement impartiales, et elles n'oublieront jamais combien il est nécessaire que les élèves soient convaincues de cette parfaite impartialité.

XV.

Désintéressement envers une parente. Si elles ont une parente parmi les élèves, elles ne laisseront paraître aucune préférence pour cette parente, et toujours elles s'efforceront, par leur détachement et leur prudence, d'empêcher les autres élèves de soupçonner quelque prédilection.

XVI.

Soin des sciences. Elles ne négligeront rien de ce qui concerne l'instruction des élèves, et elles s'efforceront de maintenir, en vue de plaire à Dieu, le niveau des études à la hauteur des pensionnats les plus distingués.

XVII.

Exciter l'émulation. Elles exciteront l'émulation parmi les élèves, par tous les moyens qu'inspire un zèle éclairé et dont l'expérience a fait reconnaître les bons résultats.

XVIII.

Egards à exiger. Les religieuses regarderont comme un devoir d'exiger, en vue de Dieu, que les élèves soient polies et très-honnêtes envers elles : elles ne souffriront pas qu'une enfant, par familiarité ou par indélicatesse, leur manque d'égards ou de respect.

XIX.

Manière de reprendre et de punir. Lorsqu'elles devront réprimander une élève, elles éviteront d'agir, et même de paraître agir avec précipitation, humeur et vivacité, et de prendre un ton dur, aigre, ou seulement chagrin : elles s'efforceront au contraire de montrer combien il leur en coûte d'être obligées d'employer la sévérité, lorsque les bons conseils devraient suffire.

XX.

Discrétion spéciale. Elles s'abstiendront rigoureusement de divulguer les confidences que les élèves leur font dans le secret : elles useront d'une grande réserve et d'une extrême prudence à cet égard.

XXI.

Faire observer le règlement. Elles s'attacheront à maintenir constamment parmi les élèves le bon ordre, la discipline et l'observation du règlement : les parents doivent savoir que les maîtresses ne transigent pas avec les enfants, et que, tout en usant de la bonté et de l'indulgence qu'inspire un cœur maternel, elles entendent obliger les élèves à une soumission complète. Elles tiendront à ce que les parents eux-mêmes respectent le règlement, pour ce qui concerne les sorties, les visites et la rentrée exacte des enfants, et elles éviteront d'affaiblir l'ordre et la discipline, par des concessions multipliées qui annonceraient de la faiblesse.

XXII.

Patience et longanimité. Elles useront du reste de beaucoup de patience et de longanimité envers les enfants; et, tout en s'appliquant avec constance et fermeté à extirper totalement de leurs cœurs l'amour de la vanité, le désir des plaisirs mondains, la recherche des aises et les autres penchants mauvais, tout en se montrant toujours disposées à séparer, par le renvoi, l'ivraie du bon grain, s'il y avait nécessité; elles n'oublieront pas que la vertu solide ne se forme que petit à petit dans les cœurs, et qu'il faut souvent, sans découragement comme sans faiblesse, attendre le moment de la grâce.

XXIII.

Inspirer de l'énergie. Elles s'appliqueront à inspirer aux élèves l'énergie, l'activité et la simplicité qui conviennent à des femmes fortes. Pour y parvenir, elles stimuleront les enfants au travail, elles retrancheront toute parure qui tendrait à introduire la vanité dans le pensionnat, et elles s'efforceront de faire de chaque élève une personne solide, économe et courageuse, plus occupée de ses devoirs que de toilette et de futilités.

XXIV.

Soigner l'extérieur. Elles ne négligeront pas ce qui concerne l'urbanité des manières, l'honnêteté des procédés et la délicatesse des sentiments, qui rehaussent si bien le mérite des vertus solides, et qui annoncent la bonne éducation. A cet effet, elles tâcheront d'habituer les élèves à conserver, même entre elles, les égards pleins de politesse et d'aménité exigés dans les familles honorables, égards dont au reste la Religion elle-même s'honore et que la charité désire et prescrit.

XXV.

Soins matériels. Elles prendront toutes les précautions hygiéniques propres à éloigner les maladies, et elles donneront des soins attentifs et maternels à la santé des élèves. Elles chercheront même à leur procurer le bien-être en tout ce qui est légitime et convenable, dans la pensée d'empêcher les plaintes et les murmures, et d'obtenir plus facilement tous les résultats spirituels désirés.

XXVI.

Présence de Dieu. Les maîtresses éviteront de tellement s'absorber dans le soin extérieur des classes, qu'elles oublient la chose principale, c'est-à-dire l'obligation de travailler à leur perfection et la nécessité de beaucoup prier et de tenir leurs âmes en la sainte présence de Dieu.

XXVII.

Concours indirect, participation au mérite. Les religieuses qui ne concourent qu'indirectement à l'éducation des enfants et aux soins des classes (celles, par exemple, qui préparent les aliments, qui arrangent les lits et les dortoirs des élèves, etc.) doivent apporter la plus grande attention à l'accomplissement de ce genre de devoirs; parce que leur zèle et leurs bons soins ont une grande importance et peuvent *contribuer notablement* au succès de l'œuvre. Du reste, chacune dans son emploi, en s'acquittant, selon l'obéissance, d'un travail quelconque, coopère au bien général et participe directement à tout le mérite qui revient du soin des classes.

XXVIII.

Règlement particulier. Un règlement spécial des classes contiendra les détails jugés utiles pour diriger le zèle des maîtresses, pour prévenir et écarter les abus, pour maintenir l'ordre, pour diriger la surveillance, pour procurer enfin la plus grande gloire de Dieu et assurer, autant que possible, à chaque religieuse la récompense éternelle qu'il a promise aux âmes qui auront été jusqu'à la fin fidèles à le suivre.

CHAPITRE XLIX.

Défenses diverses.

I.

Vœux indiscrets. Afin d'empêcher de pieuses imprudences qui deviennent ordinairement la source de regrettables difficultés, il est défendu aux religieuses de faire, sans la permission expresse du père spirituel, aucun vœu ni aucune promesse obligatoire, sous peine de péché, en dehors des obligations de la profession.

II.

Commissions au dehors. Aucune religieuse ne peut charger qui que ce soit de faire une commission au dehors, sans la permission de la prieure. Cette défense, si nécessaire au bon ordre, sera considérée comme importante et rigoureuse.

III.

Rien de secret pour les supérieurs. Il est expressément défendu à toute religieuse d'être cachée dans sa conduite et dans ses actions ordinaires à l'égard de sa supérieure. Jamais une religieuse ne demandera le secret à une consœur à l'égard de la prieure. Toute religieuse à qui un semblable secret serait demandé, devrait faire connaître la chose à la prieure, sans délai et sans restriction.

IV.

Abstention à l'égard des ouvriers et des filles de service. Les religieuses s'abstiendront de converser avec les ouvriers qui travaillent habituellement ou accidentellement dans la maison; elles s'abstiendront également de commander quelque travail aux dits ouvriers, à moins qu'elles n'en soient chargées directement par leur emploi, ou qu'elles n'en aient obtenu la permission de la prieure. Toutes s'abstiendront encore de lier conversation avec les filles de service et de recevoir leurs confidences. Elles auront soin également de ne jamais les déranger, sans motif urgent, de leur travail.

V.

Livres condamnés ou dangereux. Il est rigoureusement défendu d'introduire et de conserver dans le monastère, aucun livre mis à l'index, ou condamné par l'autorité ecclésiastique. Il en sera de même de tout livre que l'appréciation générale ou le jugement des personnes graves signale comme réellement dangereux. La prieure ne souffrira pas non plus qu'on introduise dans la communauté des livres qui, sans être précisément mauvais, ne seraient propres qu'à amollir le cœur ou à amuser inutilement l'esprit.

VI.

Livres classiques. On n'adoptera pour livres classiques, que des ouvrages dans lesquels la morale et l'orthodoxie sont sévèrement respectées. Si, à défaut d'autres ouvrages convenables, la prieure est obligée de mettre ou de laisser à l'usage des maîtresses, certains livres écrits dans un mauvais esprit ou contenant des passages dangereux, elle préviendra les maîtresses de n'user de ces livres qu'avec une sage réserve et une grande discrétion.

VII.

Etudes spéciales. Aucune religieuse ne se livrera, sans permission de la prieure, à l'étude d'une science spéciale qui ne se rapporterait pas à ses devoirs.

VIII.

Journaux. On n'introduira dans le monastère aucun journal politique ; il n'est pas défendu toutefois, si l'instruction des maîtresses l'exige, de s'abonner à un recueil périodique qui traite, d'une manière décente et convenable, des choses dont l'enseignement est nécessaire au pensionnat.

IX.

Discussions politiques. Toute discussion politique est interdite aux religieuses ; elles ne s'occuperont ni des affaires du gouvernement, ni des affaires d'administration civile, se rappelant ces paroles du Sauveur : *Mon royaume n'est pas de ce monde.*

X.

Ne pas s'occuper de mariages. Les religieuses s'abstiendront d'intervenir dans les affaires de mariages; elles s'en occuperont le moins possible; elles laisseront aux séculiers le soin de traiter ces sortes d'affaires, lesquelles n'ont rien de commun avec la vie religieuse.

XI.

Point de réunion cachée. Les religieuses s'abstiendront rigoureusement de se réunir deux ou trois, en secret, pour se communiquer leurs mécontentements, leurs répugnances, leurs désirs sur quelque sujet que ce soit. Ces rapports secrets et ces confidences en dehors de la communauté dégénèrent toujours en abus.

XII.

Lieux réservés. Les religieuses n'entreront que pour le besoin au cabinet des portières, au vestiaire et dans les lieux qui en dépendent. Elles n'iront qu'avec permission dans les lieux suivants : le cabinet du père spirituel, la sacristie, la cuisine et toutes ses dépendances, les caves, les greniers, les pièces où l'on fait la lessive et celles où l'on repasse le linge : il en serait de même de toute autre pièce que la prieure, d'accord avec son conseil, désignerait comme lieu réservé.

XIII.

Ne pas se lever la nuit. A moins d'une permission particulière ou d'une nécessité réelle, les religieuses ne quitteront pas leur lit pendant la nuit. Si une religieuse s'était levée la nuit, même pour une bonne raison, pendant plus d'un quart-d'heure, elle devrait en rendre compte le lendemain à la prieure, et à la maîtresse des novices, si elle est encore du noviciat. Il en serait de même, si elle avait quitté sa cellule pour un instant.

XIV.

Ne pas s'enfermer. Il est très-rigoureusement défendu aux religieuses de s'enfermer, sans permission expresse, soit à deux, soit à plusieurs, soit même seule, dans une pièce quelconque et à quelque heure que ce soit. Il est également défendu aux religieuses de tellement fermer la porte de leur cellule ou dortoir, que la prieure n'y puisse pénétrer à quelque heure qu'elle choisisse.

XV.

Point de manières communes. Les religieuses éviteront soigneusement, même entre elles, tout propos trivial et toutes manières communes. Elles ne tutoieront aucune de leurs consœurs; elles s'abstiendront de pousser des cris, de parler en riant aux éclats, d'appeler de loin et avec bruit une consœur ou toute autre personne; en un mot, elles se feront un devoir d'être toujours dignes et convenables, et elles ne se permettront rien de ce qui s'éloigne des règles d'une bonne éducation.

XVI.

Eloignement de tout ce qui est mondain. Il est strictement défendu aux religieuses d'user d'aucune pommade odoriférante et d'aucune eau de senteur, à moins qu'elles ne reçoivent l'ordre ou la permission d'employer quelque chose de semblable pour remédier aux inconvénients d'une infirmité particulière. Elles éviteront avec le même soin toute recherche dans leur extérieur, toute tendance à imiter, d'une manière quelconque, la vanité des personnes du monde ; jamais non plus elles ne s'occuperont, par un reste d'esprit mondain, de la toilette des personnes qui viennent au parloir. A cet égard, une religieuse doit se borner à donner, quand la prudence le permet, un conseil de modestie et de simplicité, et à gémir sur les folles vanités du siècle.

XVII.

Ne point parler de son intérieur. Les religieuses ne parleront de leur intérieur qu'aux personnes chargées de les diriger. Elles ne communiqueront leurs peines et leurs tentations à aucune autre personne. Aucune d'elles, à moins qu'elle n'en soit chargée, ne recevra les confidences qu'une consœur voudrait lui faire concernant son intérieur.

XVIII.

Point de dévotions singulières. Il est défendu aux religieuses de se livrer à aucune dévotion singulière, et elles s'abstiendront d'introduire dans le monastère, sous prétexte de piété, des pratiques qui ne seraient point approuvées par l'autorité ecclésiastique.

XIX.

Tristesse, découragement, pensées noires. Les religieuses regarderont comme un devoir de résister avec force à la tristesse, au découragement et aux pensées noires. Elles se souviendront que le Seigneur exige d'elles un combat sérieux contre ces sombres tentations; en effet, rien n'est plus capable de les détourner de la perfection à laquelle elles doivent tendre, et de les faire tomber dans les piéges de Satan. Elles feront connaître ces sortes de peines intérieures au directeur de leur conscience, et elles suivront avec une docilité sans réserve les avis qu'il leur donnera.

CHAPITRE L.

Prescriptions diverses.

I.

Attachement au Saint-Siége. La communauté professera le plus profond respect et l'attachement le plus filial envers le saint-siége apostolique, et elle montrera toujours une docilité plénière pour ses décisions. Il en sera de même pour tous les enseignements de l'Eglise.

II.

Attention aux paroles de l'Ecriture sainte. Les religieuses auront, pour toutes les paroles de la sainte Ecriture, une attention pleine de foi, et elles aimeront à en nourrir leur âme, se rappelant cette sentence du divin Maître : *Mes paroles sont esprit et vie*, et cette déclaration du prince des apôtres : *Seigneur, vous avez les paroles de la vie éternelle.*

III.

Respect à l'égard du clergé. Les religieuses se montreront toujours respectueuses envers les ecclésiastiques. Elles auront soin, lorsqu'il s'agira du clergé en général ou de quelqu'un de ses membres en particulier, de s'abstenir de toute critique et de toute parole amère ou irrévérencieuse.

IV.

Dons et aumônes de la communauté. La communauté fera des aumônes selon ses ressources, et contribuera, selon ce qui est prudent et possible, aux différentes œuvres pour lesquelles on réclamera son concours. La prieure remplira cette obligation au nom de toutes ses sœurs ; elle demandera, selon ce qui est réglé, l'assentiment de son conseil, ou du grand conseil, lorsqu'il s'agira d'aumônes ou de dons importants.

V.

Droiture et simplicité. Toutes les religieuses mettront, dans leurs paroles et dans leurs actions, la sincérité et la simplicité que l'Evangile commande à tous les chrétiens ; elles n'oublieront point ces paroles du Saint-Esprit : *Je déteste le cœur double et la bouche à deux langues, et j'ai en abomination toute espèce de mensonge.*

VI.

Discrétion. Elles tâcheront d'unir à la simplicité de la colombe la prudence du serpent, et elles éviteront toute indiscrétion et toute révélation imprudente concernant les affaires et les intérêts, soit de la communauté, soit des personnes et des familles avec qui elles auront des rapports.

VII.

Egards pour les anciennes. Chaque religieuse se fera un devoir de montrer des égards et du respect pour toutes les consœurs qui sont plus anciennes qu'elle en profession, et surtout pour celles qui ont passé de longues années dans la communauté et qui sont parvenues à un âge avancé.

VIII.

Rapports avec les ecclésiastiques. Elles

borneront leurs rapports avec les ecclésiastiques à ce qui est nécessaire ou réellement utile, se souvenant que leur temps est dû à la prière et au travail en Dieu, et non à des entretiens qui n'auraient pour objet que de leur procurer une satisfaction stérile ou même pieuse.

IX.

Dispositions envers les autres communautés. Les religieuses de ce monastère n'auront dans leurs cœurs et ne manifesteront dans la pratique que des sentiments d'estime et de charité à l'égard des autres communautés. Elles feront des vœux sincères pour la prospérité des autres congrégations, et elles se réjouiront des avantages que la divine Providence leur procurera, ainsi que du bien qu'elle leur fera opérer.

X.

Laboratoire ou salle de travail. Il y aura dans le monastère une pièce particulière où l'on s'occupera d'ouvrages manuels, utiles à la communauté. Ce lieu s'appellera le *laboratoire* ou la *salle de travail*. Toutes les religieuses, à qui il restera assez de temps libre, y seront appelées pour travailler en commun. La prieure y établira une surveillance convenable, et un petit règlement fixera l'ordre qu'on y devra observer.

CHAPITRE LI.

Récitation du saint office.

I.

Office des religieuses de chœur. Les religieuses de chœur réciteront chaque jour, à l'exception de certains jours désignés, le petit office de la sainte Vierge, tel qu'il se trouve dans le bréviaire romain.

II.

Office exceptionnel. Le jour de la fête de l'Immaculée Conception, le jour de Noël, le jour de l'Épiphanie, le jour de la fête du saint Nom de Jésus, le jour de la fête de saint Joseph, le jour de la fête de saint Benoît, le jour de la fête de la Compassion, les trois derniers jours de la semaine sainte, le jour de Pâques et pendant l'octave, le jour de l'Ascension, le dimanche et le lundi de la Pentecôte, le dimanche de la Trinité, le jour du Saint-Sacrement, le jour de la fête du Sacré-Cœur de Jésus, le jour de la fête des saints Apôtres Pierre et Paul, le jour de la Visitation, le jour de l'Assomption, le jour de saint Bernard, le jour de la Nativité de la sainte Vierge, le jour de la fête des saints Anges Gardiens, le jour de la Toussaint et le jour de la Dédicace des églises, les religieuses de chœur réciteront, au lieu du petit office de la sainte Vierge, l'office désigné dans le bréviaire romain pour ces dits jours : elles commenceront l'office des fêtes sus-énoncées dès la veille par les premières vêpres, et afin qu'elles puissent suffire au travail ordinaire et suivre les heures habituelles des exercices, il leur sera permis de ne réciter qu'un nocturne à matines.

Office des Morts. Le lundi et le mercredi de chaque semaine et les neuf premiers jours du mois de novembre, les religieuses de chœur réciteront les vêpres des morts, telles qu'elles se trouvent dans le bréviaire romain (doublant les antiennes). Elles omettront lesdites vêpres des morts : 1° pendant les octaves de Noël, de l'Épiphanie, de Pâques, de l'Ascension, du Saint-Sacrement et de l'Assomption ; 2° le lundi et le mercredi de la semaine sainte ; 3° tous les lundis et les mercredis où elles doivent réciter les premières où les secondes vêpres d'un office exceptionnel ; 4° tous les lundis et les mercredis où tomberait l'une des fêtes suivantes : la Circoncision, la Purification, l'Annonciation, la St Jean-Baptiste, la St Laurent et la Présentation ; 5° le dernier jour de la grande retraite, lorsqu'il tombe un lundi ou un mercredi.

Les religieuses de chœur réciteront les laudes des morts, telles qu'elles se trouvent dans le bréviaire romain (doublant les antiennes) : 1° le mercredi ou le vendredi des Quatre-Temps; 2° la veille de la Commémoration des Morts au soir, 3° à la mort d'une religieuse; 4° à la mort du supérieur majeur; 5° à la mort du père spirituel.

IV.

Office des sœurs coadjutrices. Les sœurs coadjutrices ne récitent point l'office désigné pour les religieuses de chœur, mais elles récitent des prières particulières qui représentent pour elles les différentes heures du saint office.

V.

Obligation. La récitation du saint office désigné plus haut pour les religieuses de chœur, et des prières représentant le saint office pour les sœurs coadjutrices, est *obligatoire sous peine de péché véniel*, en ce sens que l'omission *tout à fait volontaire* d'une heure du saint office ou des prières représentant une heure du saint office, serait une faute vénielle, et qu'il y aurait autant de fautes vénielles que d'heures omises tout à fait volontairement.

VI.

Dispenses. La prieure dispensera de la récitation du saint office ou des prières qui représentent le saint office, toute religieuse pour qui cette récitation serait une trop grande charge, soit à cause de ses souffrances, soit à cause du travail ou des devoirs qu'elle ne peut raisonnablement pas omettre, soit à cause d'autres circonstances spéciales qui sembleront légitimer une dispense. La prieure n'accordera la dispense qu'à proportion des besoins de la religieuse ou des religieuses qu'elle doit dispenser : s'il suffit de dispenser d'une partie de l'office, elle se bornera à dispenser de cette partie; mais si la dispense de tout l'office paraît nécessaire, elle l'accordera selon sa prudence et sans scrupule. Egalement s'il suffit de dispenser pour un jour, elle se bornera à cette dispense; mais s'il paraît nécessaire de dispenser pour plusieurs jours, elle le fera avec simplicité, pour entrer dans les vues de Dieu.

VII.

Dispense de fait. Aucune religieuse ne récite son office après neuf heures et demie du soir. Si donc une religieuse n'a pas terminé [1] l'office du jour pour neuf heures et demie, elle doit cesser ou omettre purement et simplement la récitation, et se coucher, à moins qu'elle ne doive veiller, ou qu'elle n'ait obtenu, pour une raison particulière, la permission de la prieure.

VIII.

Pieuse récitation. La récitation prescrite doit être accomplie avec attention et piété : la religieuse qui réciterait *volontairement* l'office ou les prières représentant l'office sans aucune attention ni aucune piété, ne satisferait pas à son obligation ; en ce cas il serait censé y avoir omission.

IX.

Importance. Les religieuses attacheront

---

[1] Quand même elle serait en retard par négligence, elle ne peut continuer ; mais si cette négligence est volontaire, la religieuse en portera la peine devant Dieu.

une grande importance à la récitation du saint office et des prières qui le représentent. Elles montreront beaucoup de zèle et de bonne volonté pour cette récitation ; elles n'oublieront pas que le saint office est, par sa nature, la principale prière des religieuses.

X.

Règles spéciales. Des règles particulières expliqueront, en détail, tout ce qui a rapport à la manière de réciter le saint office et les prières qui le représentent.

———⋄◇⋄———

CHAPITRE LII.

Père spirituel.

1.

Sa mission générale. Le père spirituel est l'ecclésiastique que Monseigneur donne à la communauté pour en être le confesseur et le guide dans les voies du salut.

II.

Sa mission déterminée. Le ministère du père spirituel a pour objet direct la célébration des saints offices, l'instruction religieuse, la conduite intérieure des âmes et l'administration des sacrements. Il n'est nullement chargé du gouvernement ni de la direction *extérieure* de la communauté. Sa mission s'étend néanmoins à une certaine surveillance pour ce qui concerne la régularité *extérieure*, en ce sens qu'il prête à la prieure son concours éclairé, à l'effet de maintenir l'observation des règles, de prévenir ou de corriger les abus, et de maintenir les religieuses dans le véritable esprit de leur vocation.

III.

Respect qui lui est dû. Toutes les religieuses auront pour le père spirituel, à cause de son caractère et de ses saintes fonctions, un respect sincère et tous les égards que la religion commande et qu'une bonne éducation elle-même prescrit.

IV.

Confiance des religieuses. Elles lui découvriront avec une entière simplicité tout ce qui concerne leur intérieur, sachant qu'il a grâce d'état et autorité pour les instruire et les diriger.

V.

Docilité des religieuses. Elles recevront ses avis et ses réprimandes avec un grand esprit de foi et comme venant de Dieu même : en outre elles se soumettront toujours avec une entière docilité à ses décisions, en ce qui concernera les difficultés de leur conscience.

VI.

Sentiments des religieuses. Elles seront toutes très-reconnaissantes des soins qu'il donnera à leur âme, et du zèle qu'il montrera pour leur salut; mais aucune ne cherchera à devenir l'objet de son attention particulière, et toutes apporteront, dans leurs rapports avec lui, la réserve grave qui convient à des épouses de J.-C. envers le représentant et le ministre de Dieu.

VII.

Remarque spéciale. Si, par inadvertance, le père spirituel prescrivait à une religieuse, soit comme remède à un défaut, soit comme réparation d'un manquement, soit comme pénitence sacramentelle, une œuvre qu'elle ne pourrait accomplir sans manquer à un point quelconque des règles de la communauté, la religieuse devrait l'en avertir respectueusement et le prier de changer l'œuvre imposée.

CHAPITRE LIII.

Parents des religieuses.

I.

Sentiments envers les parents. Les religieuses conserveront envers les parents qu'elles ont quittés, les sentiments affectueux et l'attachement sincère que commande la loi naturelle et divine ; toutefois elles n'oublieront pas qu'elles ont contracté, envers la communauté qui est devenue leur famille en Dieu, une parenté dont les liens l'emportent sur ceux de la chair et du sang.

II.

Rapports avec les parents. Les religieuses borneront leurs rapports avec leurs parents, à ceux qu'une sage affection réclame, que de justes convenances exigent et que la règle autorise ; c'est pourquoi, tout en se montrant envers leurs parents bonnes, complaisantes et dévouées, elles se souviendront toujours qu'elles sont *religieuses*, et qu'à ce titre elles doivent éviter des rapports multipliés et un attachement trop naturel, qui les exposeraient à des négligences dans la prière ou le travail.

III.

Affaires et intérêts de famille. Les religieuses, s'appliquant à elles-mêmes ces paroles du Sauveur : *Laissez aux morts le soin d'ensevelir les morts*, ne se mêleront point des affaires temporelles de leurs parents, et ne s'attacheront point à leur procurer des avantages matériels. Leur sollicitude doit être avant tout pour la gloire de Dieu, pour le bien de la religion et pour les intérêts de la communauté.

IV.

Prières pour les parents. Les religieuses prieront pour leurs parents, et elles les recommanderont aux miséricordes et aux bénédictions du Seigneur ; elles éviteront toutefois de s'absorber dans la pensée de la sanctification de leurs proches, et, comptant sur la bonté de Dieu, elles repousseront à cet égard toute préoccupation qui nuirait à l'accomplissement de leurs devoirs.

V.

Parler peu de ses parents. Les religieuses s'habitueront à parler fort peu de leurs parents et de leur famille. Sans doute les parents des religieuses deviennent en quelque sorte les parents de toute la communauté; mais c'est seulement auprès de Dieu, dans le cœur de Jésus, pour le ciel, et non pour occasionner de l'agitation et d'inutiles pourparlers dans le monastère.

VI.

Recevoir les parents des religieuses. Les parents des religieuses seront reçus avec bonté et avec de pieux égards; mais chaque religieuse aura soin d'empêcher que sa famille ne soit exigeante, et que ses parents ne deviennent un sujet de dérangement ou de gêne pour la communauté.

VII.

Sœurs et parentes religieuses. Si deux ou plusieurs sœurs, deux ou plusieurs parentes se trouvent religieuses ensemble dans la communauté, elles n'oublieront pas qu'elles ont cessé d'être sœurs ou parentes selon la chair, et qu'elles sont devenues sœurs ou parentes selon l'esprit, dans les liens indissolubles de la religion. Elles sont désormais *consœurs*, terme qui exprime la parenté la plus complète et la plus relevée; en outre, elles sont *sœurs* en Dieu et *consœurs* de toutes les religieuses sans distinction, au même degré de parenté spirituelle : conséquemment elles doivent être également unies à toutes, et n'avoir entre elles ni préférence, ni rapports plus fréquents, ni prédilection consentie ; elles éviteront surtout de jamais se soutenir mutuellement dans les occasions de réprimande ou de peine.

CHAPITRE LIV.

Admonition et exclusion.

1.

Nécessité expliquée. Toute la communauté désirera ardemment que chacun de ses membres marche dans la voie sainte et y persévère jusqu'à la fin; néanmoins on ne souffrira pas qu'une brebis devenue mauvaise (Dieu éloigne un tel malheur!) nuise à tout le troupeau.

II.

Motifs exposés. On renverrait toute religieuse qui manquerait opiniâtrément à l'obéissance, qui mettrait le trouble dans la communauté, qui provoquerait par son exemple l'inobservance des règlements, qui mènerait une vie toute sensuelle et dissipée, ou qui enfin serait, d'une manière quelconque, un sujet de scandale pour la maison.

III.

Avertissements préalables. Sauf le cas d'urgence dont il est parlé ci-après, l'exclusion ne sera jamais prononcée qu'après que la religieuse, avertie plusieurs fois et instamment pressée de changer de conduite, aura reçu, sans amendement réel, les trois admonitions dont il est parlé dans les articles suivants.

IV.

Première admonition au chapitre. Si la prieure, après avoir réitéré ses avertissements maternels et avoir épuisé les moyens ordinaires de correction, s'aperçoit qu'une religieuse persiste dans ses douloureux écarts et devient nuisible à la communauté, elle emploie l'admonition publique. A cet effet, elle demande l'assentiment de son conseil, puis elle rassemble au chapitre les mères professes[1], et, en leur présence, elle avertit la religieuse récalcitrante qu'elle doit changer de conduite, si elle veut continuer à faire partie de la communauté.

V.

Seconde admonition au chapitre. Si la première admonition ne produit pas les fruits désirés, la prieure demande de nouveau l'assentiment de son conseil, et elle prononce une seconde admonition en la même forme que la première.

VI.

Troisième admonition. Si malheureuse-

---

[1] S'il s'agit d'une sœur coadjutrice, les sœurs qui ont prononcé leurs grands vœux assistent à l'admonition.

ment la seconde admonition reste encore sans fruit, la prieure assemble le grand conseil pour décider si le moment est venu de faire une troisième admonition, laquelle s'accomplit en la même forme que les deux premières.

VII.

Demande d'exclusion. Si la troisième admonition ne ramène pas la délinquante à des sentiments meilleurs, la prieure formule une demande d'exclusion, qu'elle motive le plus clairement possible, qu'elle signe avec la sous-prieure et les deux conseillères, qu'elle communique aux mères professes assemblées au chapitre, et qu'elle adresse, avec l'assentiment des dites mères professes, à Monseigneur l'Archevêque, supérieur majeur de la communauté.

VIII.

Exclusion prononcée. Monseigneur pèse dans sa sagesse l'opportunité de la mesure, et prononce, s'il y a lieu, l'exclusion de la religieuse incorrigible.

IX.

Cas d'urgence. Les trois admonitions préalables ne sont pas absolument nécessaires, et la demande d'exclusion peut être adressée à Monseigneur après la seconde ou après la première admonition, ou même sans admonition, lorsque les mères professes jugent qu'il y a urgence.

X.

Indication spéciale. Si une religieuse ayant déjà reçu une ou deux admonitions, mérite, par un amendement sincère, d'être tout à fait réhabilitée dans la communauté, et que cependant, après un temps plus ou moins long, elle vient à retomber dans les mêmes écarts, deux nouvelles admonitions suffisent avant la demande du renvoi.

XI.

Effets de l'exclusion. Par le fait même

de son exclusion, la religieuse perdrait tous droits quelconques envers la communauté, et, sous ce rapport, les engagements contractés à la profession seraient annulés et anéantis.

XII.

Mesures concernant le temporel. Quoique la religieuse exclue perde tous ses droits envers la communauté, et ne puisse réclamer qu'un trousseau égal à celui qu'elle possédait avant la vêture religieuse, la communauté pourra, dans certains cas qu'indiquent les statuts, remettre par miséricorde une petite somme d'argent au membre séparé.

XIII.

Rentrée interdite. Jamais une religieuse qui se serait fait malheureusement exclure de la communauté, ne pourra y être reçue de nouveau.

CONCLUSION.

Les religieuses se souviendront que la règle tend uniquement à multiplier, dans cette maison, les imitatrices de Jésus-Christ, qui est, à proprement parler, le premier et le plus parfait religieux. C'est pourquoi toutes s'appliqueront à se nourrir des maximes et des exemples du Sauveur, qui dit de lui-même. *Je suis la voie, la vérité et la vie. Celui qui me suit ne marche pas dans les ténèbres. Je vous ai donné l'exemple, afin que vous agissiez comme j'ai agi moi-même.*

Chacune s'efforcera donc, selon le conseil de l'Apôtre, *de tenir les yeux fixés sur l'Auteur et le Consommateur de notre foi, qui est J.-C.*, et aucune ne voudra s'exposer à cet humiliant reproche du divin

Maître : *Il y a si long-temps que je suis avec vous, et vous ne me connaissez pas encore.*

Or, pour marcher plus facilement sur les traces du Sauveur et expérimenter combien son joug est doux, il est nécessaire que les religieuses soient plus parfaitement que les simples fidèles, ces brebis dociles dont il parle en disant : *Je connais mes brebis, et mes brebis me connaissent, et mes brebis entendent ma voix.* Il est encore nécessaire qu'elles comprennent et qu'elles s'appliquent ces paroles sacrées : *La charité de J.-C. nous presse. Si quelqu'un n'aime pas N.-S. J.-C., qu'il soit anathême;* parce qu'étant guidées par l'amour envers Notre-Seigneur, *elles porteront,* selon l'expression du pieux auteur de l'Imitation, *un poids sans en être chargées, et elles ne diront jamais c'est assez.*

Plaise au Ciel que chacune, *se revêtant de J.-C.*, comme parle l'Ecriture, s'unisse tellement à lui par l'accomplissement de la règle et des devoirs religieux, qu'elle puisse s'écrier : *Ce n'est plus moi qui vis, c'est J.-C. qui vit en moi :* car toute la règle, toute la vie religieuse se résume en ces mots : *L'esprit de J.-C. mis en pratique.*

FIN.

TABLE

CHAPITRE Ier. Erection et organisation de la communauté.   6

CHAP. II. Du gouvernement de la communauté.   10

CHAP. III. Elections.   14

CHAP. IV. Admission des sujets. — Qualités requises. — Conditions temporelles.   22

CHAP. V. Temps de probation. — Lieu particulier dit Noviciat. — Exercices particuliers.   27

CHAP. VI. Directrice du noviciat. — Bon esprit des novices.   31

CHAP. VII. Vêture religieuse.   36

CHAP. VIII. Premiers vœux.   39

CHAP. IX. Grands vœux.   43

CHAP. X. Exercices de la journée.   50

CHAP. XI. Exactitude aux exercices.   55

CHAP. XII. Exemptions et dispenses. 58
CHAP. XIII. Repas. 59
CHAP. XIV. Récréation. 63
CHAP. XV. Silence. 67
CHAP. XVI. Confesssion. 74
CHAP. XVII. Communion. 76
CHAP. XVIII. Aveu en particulier des manquements extérieurs. — Chapitre des coulpes. — Proclamation. — Réprimande en public. 82
CHAP. XIX. Retraite annuelle. — Jours de recueillement. — Epoques de renouvellement. — Confession spéciale en carême. — Avertissement général. 86
CHAP. XX. Correspondances. 89
CHAP. XXI. Visites. 92
CHAP. XXII. Sorties. 98
CHAP. XXIII. Emplois. 103
CHAP. XXIV. Cellules des religieuses. 109
CHAP. XXV. Union entre les religieuses. — Amitiés particulières. 114
CHAP. XXVI. Humilité. — Saint renoncement. 119
CHAP. XXVII. Austérités et pénitences corporelles. 121
CHAP. XXVIII. Sentiments et pratiques de foi spécialement recommandés. 126

TABLE.

CHAP. XXIX. Soins à donner aux religieuses malades et infirmes. — Bon esprit des religieuses malades et infirmes. — Décès des religieuses.   129

CHAP. XXX. Indication concernant la première promesse contenue dans la formule des vœux.   133

CHAP. XXXI. Vœu de chasteté.   135

CHAP. XXXII. Vœu de pauvreté.   139

CHAP. XXXIII. Vœu d'obéissance.   146

CHAP. XXXIV. Vœu de stabilité.   152

CHAP. XXXV. Fidélité à observer la règle.   155

CHAP. XXXVI. Culte particulier d'amour, d'imitation et de dévouement envers la très-sainte Vierge.   160

CHAP. XXXVII. Devoirs de la prieure.   164

CHAP. XXXVIII. Devoirs de la sous-prieure.   169

CHAP. XXXIX. Devoirs des conseillères.   171

CHAP. XL. Devoirs des discrètes.   173

CHAP. XLI. Devoirs de la directrice du noviciat.   175

CHAP. XLII. Devoirs de l'économe.   180

CHAP. XLIII. Devoirs de la directrice du vestiaire.   185

CHAP. XLIV. Devoirs de la maîtresse des œuvres.   189

CHAP. XLV. Devoirs de la religieuse chargée de recevoir les étrangers.   192

CHAP. XLVI. Devoirs des portières.   195

CHAP. XLVII. Devoirs de la dame infirmière. — Devoirs des sœurs infirmières. 198

CHAP. XLVIII. Devoirs des maîtresses de classe. 203

CHAP. XLIX. Défenses diverses. 214

CHAP. L. Prescriptions diverses. 223

CHAP. LI. Récitation du saint office. 227

CHAP. LII. Père spirituel. 233

CHAP. LIII. Parents des religieuses. 236

CHAP. LIV. Admonition et exclusion. 240

Conclusion. 246

FIN DE LA TABLE.

Lille, Typ. L. Lefort. 1853.

www.ingramcontent.com/pod-product-compliance
Lightning Source LLC
Chambersburg PA
CBHW070631170426
43200CB00010B/1979